Eyber · Johler | Rio Reiser. 100 Seiten

* Reclam 100 Seiten *

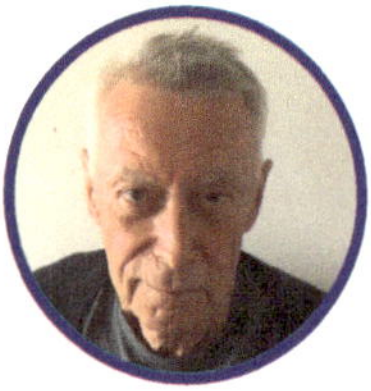

HANNES EYBER, geb. 1944, Rundfunk- und Drehbuchautor, Songtexter und Produzent der letzten Studio-LPs von Ton Steine Scherben, verfasste zusammen mit Rio Reiser dessen biographisches Buch *König von Deutschland*.

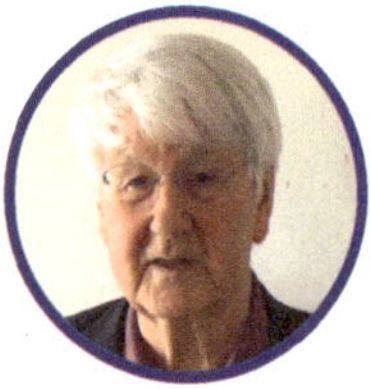

JENS JOHLER, geb. 1944, schrieb Theaterstücke, Wissenschaftsthriller und den Bach-Roman *Die Stimmung der Welt*. Zusammen mit Kai Sichtermann und Christian Stahl ist er Autor von *Keine Macht für Niemand*, der Biographie der Band Ton Steine Scherben.

Hannes Eyber
Jens Johler

# Rio Reiser. 100 Seiten

Reclam

2. durchgesehene Auflage

2024 Philipp Reclam jun. Verlag GmbH,
Siemensstraße 32, 71254 Ditzingen
info@reclam.de
Umschlaggestaltung: zero-media.net, München
Bildnachweis: S. 7: imago / epd; S. 10, 27: Jens Johler; S. 15, 22: Gert C. Möbius; S. 38, 49: Rita Kohmann; S. 42: Wikimedia Commons / OTFW, Berlin / CC BY-SA 3.0; S. 57: Egon Bunne; S. 66: Wikimedia Commons / Pamela Colman Smith / PDM 1.0; S. 69: privat; S. 91: imago / teutopress; Autorenfotos: © privat
Umschlagmaterial: Creative Print, Schabert
Druck und Bindung: Elanders Waiblingen GmbH,
Anton-Schmidt-Straße 15, 71332 Waiblingen
Printed in Germany 2025
RECLAM ist eine eingetragene Marke
der Philipp Reclam jun. GmbH & Co. KG, Stuttgart
ISBN 978-3-15-020715-4
reclam.de

Für mehr Informationen zur 100-Seiten-Reihe:
reclam.de/100Seiten

# Inhalt

Für Lanrue

## Intro: Unser erstes Bild

Wir erinnern uns nicht an Geschichten, wir erinnern uns an Bilder. Erst wenn wir die Bilder lange genug betrachten, fangen sie an, sich zu bewegen, und werden zu Geschichten.

Es war (erinnert sich Jens Johler) 1968 in Berlin. Ich war Schauspieler in Dortmund gewesen, hatte in der Zeitschrift *Theater Heute* zusammen mit Barbara Sichtermann den Artikel »Über den autoritären Geist des deutschen Theaters« veröffentlicht und mir damit meine Karriere versaut. Was jetzt allenfalls noch möglich schien, war die Gründung einer freien Theatergruppe, und in diesem Zusammenhang liefen uns in Berlin die Möbius-Brüder über den Weg – oder wir ihnen.

Die Möbius-Brüder waren: Peter, der Älteste, mit seinem niemals zu bremsenden Redestrom; Gert, der Mittlere, mit seiner nuschelnden Aussprache und seinem Faible fürs Geschäftemachen (damals waren es Produktion und Verkauf von Raubdrucken); und Ralph Möbius, der Jüngste, der sich, da der Job des Dozierens und der des Nuschelns schon besetzt waren, aufs Schweigen verlegt hatte. Die Schweigsamen sind ja oft die Interessantesten in einer Gruppe. Das Schweigen ist geheimnisvoll oder beredt, vielsagend oder vieldeutig. Das Schweigen sagt alles. Peters permanentes Dozieren ging zum einen Ohr hinein, zum anderen wieder hinaus, Gerts Genuschel verstand man eher nicht, aber auf Ralph, dem Jüngsten, ruhte der Blick. Sein eigener Blick schien seine Umgebung bis auf den Grund zu durchschauen. Was denkt er jetzt, fragte man sich, was geht in dem vor? Er sieht sicherlich mehr als wir, aber er verrät es nicht, er behält es für sich. Man hätte es aber gern gewusst. Später erfuhr man es: in Rio Reisers Liedtexten, den politischen, den poetischen, den geheimnisvoll hermetischen und den verzweifelt-hoffnungsvollen.

Ach ja, das Bild: Ich sehe Rio mit einer Gitarre auf dem Schoß auf einer Matratze sitzen, in der Fabriketage in der Oranienstraße. Ich habe jemanden mitgebracht: Kai Sichtermann, den jüngeren Bruder von Barbara, die auch dabei ist. Rio blickt von der Gitarre auf, sieht Kai, und wahrscheinlich gefällt ihm, was er sieht. Was ihm vermutlich auch gefällt, ist, dass Kai noch schweigsamer ist als er. Wir verabschieden uns und lassen Kai zurück. Rio drückt ihm einen Bass in die Hand und zeigt ihm die ersten Griffe. Und da Kai noch entschiedener schweigt als er, und da Gert und Peter gerade nicht da sind, fängt Rio an zu reden und erzählt, wer er ist, woher er kommt und was er vorhat.

Es war (so Hannes Eyber) 1972, ich war damals Schauspieler am Theater am Turm in Frankfurt, an dem gerade das Stück *Moritz Tassow* von Peter Hacks geprobt wurde. In diesem Stück gab es etliche Couplets, für deren Vertonung der Regisseur Dieter Bitterli zwei Typen von einer Berliner Rockband engagiert hatte.

Als die beiden bei uns am TAT nach einer Abendprobe so um halb elf auftauchten, waren wir etwas irritiert:

Der eine, in räudiger Kaninchenfelljacke, war von kräftiger Statur, hatte volles dunkles Haar. Über seiner Schulter baumelte eine Wandergitarre. Er sprach mit leicht französischem Akzent, und seine etwas gewölbten Wangenknochen ließen malaiische Vorfahren vermuten.

Der andere kam mit einem Koffer, trug einen abgeschabten Militärledermantel, sprach berlinisches Hochdeutsch, war rappeldürr, hatte schmale Hüften, langes dunkelblondes Haar und ein blond schimmerndes Oberlippenbärtchen, das nicht so recht zu dem riesigen Loch in einem seiner oberen Schneidezähne passte.

Sehr gesprächig waren die beiden nicht. Wir auch nicht. Wir waren gespannt auf ihre Kompositionen. Der mit dem Loch im Zahn ging zum Klavier, öffnete den Deckel, ließ die Finger über die Tasten gleiten, einmal rauf, einmal runter, klappte den Deckel wieder zu und sagte, das Klavier könnte mal gestimmt werden.

Wie sich herausstellte, hatten die beiden keine einzige Zeile vertont. Wie auch? Ohne Textbuch? Brigitte Landes, die Dramaturgin, glaubte, Regisseur Bitterli hätte ihnen das Buch bereits gegeben. Bitterli wiederum war davon ausgegangen, dass das die Aufgabe der Dramaturgin gewesen wäre. Das übliche Hickhack.

Während der mit dem Loch im Zahn in dem Textbuch blätterte, das ihm eilig ausgehändigt worden war, zupfte Kaninchenfell auf seiner Gitarre herum. Unser immer hitziger werdendes Palaver darüber, wer nun das mit dem Textbuch verbaselt hatte, wurde von dem mit dem Loch im Zahn energisch beendet. Wir sollten uns nicht ins Hemd machen, sagte er, es wären ja nur ein paar Songs, morgen um zehn sollten wir wieder hier im Probenraum sein. Also, bis dann.

Wir Schauspieler waren pünktlich da. Wer nicht da war, waren die Herren Komponisten. Wir warteten und warteten.

Und warteten. Nach ein paar Stunden trudelten die beiden endlich ein. Und dann ging alles blitzschnell.

In der Nacht hatten die beiden alle acht Couplets vertont und auf einer Revox-Bandmaschine aufgenommen. Der mit dem Loch im Zahn sang am Klavier, begleitet von Kaninchenfell auf der Gitarre, mit unwiderruflich endgültiger Wucht alle Nummern ohne Pause runter, eine nach der anderen. Dann kopierten sie die Songs auf Audiokassetten mit der Ansage, Noten gäbe es nicht, die Aufnahmen seien die akustische Partitur, nach der die Schauspieler, die das Glück oder das Pech hatten, diese Songs singen zu sollen, üben könnten. Und weg waren sie. Das war meine erste Begegnung mit – ja, mit wem eigentlich?

Damals konnte noch keiner wissen, dass der in der Kaninchenfelljacke ab der zweiten Hälfte der 1970er Jahre als R. P. S. Lanrue bekannt werden würde und der mit dem Loch im Zahn unter dem Namen Rio Reiser.

## Der Heilige

Am 20. August 1996 gegen 16 Uhr starb Ralph Christian Möbius, der sich den Künstlernamen Rio Reiser gegeben hatte, an seinem Wohnort, dem Hof in Fresenhagen in Nordfriesland.

Er war der Begründer des deutschen Rock 'n' Roll, der Songschreiber, der gezeigt hatte, dass das bis dahin für unmöglich Gehaltene möglich war: authentischer Rock 'n' Roll mit deutschen Texten. »Sie alle haben von meinem Wein getrunken«, sagte er einmal mit Blick auf Udo Lindenberg, Herbert Grönemeyer, Marius Müller-Westernhagen oder die Toten Hosen. Und er hatte recht damit: Ohne ihn sind sie nicht zu denken, die Großen des Deutschrock, auch wenn ihre Erfolge den seinen übertrafen. Es kommt alle Tage vor, dass die Nachfolgenden erfolgreicher – vor allem finanziell erfolgreicher – sind als die Begründer.

Rios Ende war zum Erbarmen: R. P. S. Lanrue, Rios langjähriger Weggefährte, Tanja, dessen Freundin, und Rios Freund Jan Bajen waren bei ihm, als ihm das Blut aus einer geplatzten Ader in die Kehle schoss und er erstickte. Zu helfen war ihm nicht mehr. Tanja versuchte noch, ihn durch Mund-zu-Mund-Beatmung am Leben zu halten, vergeblich. Der Notarzt brauchte zu lange für die Anfahrt, zu weit lag der Hof von der nächsten Stadt, Leck, entfernt. Wäre der Arzt früher eingetroffen, dann hätte er Rio vielleicht retten können, aber so konnte er nur noch den Tod feststellen. »Herz- und Kreislaufversagen« trug er als Todesursache in den Totenschein.

Jan Bajen rief Rios Bruder Gert Möbius an, und der machte sich sofort auf den Weg. 500 Kilometer Autofahrt von Berlin. Gegen 22 Uhr kam er in Fresenhagen an. Er stand, wie er schreibt, »noch immer unter Schock«.

Am nächsten Tag aber ging der Rummel los. Rios Manager George Glück berief in Berlin eine Pressekonferenz ein, die Fernsehanstalten schickten ihre Sendewagen nach Fresenhagen, Claudia Roth, die elf Jahre zuvor für drei Jahre Managerin der Band Ton Steine Scherben gewesen war und sich seitdem nicht mehr hatte blicken lassen, traf ein (was hatte sie da auf einmal zu suchen? Fernsehkameras?), und auch John Banse war zur Stelle, Rios glühendster Verehrer oder sein ›Jünger‹, wie es in dem Buch *Keine Macht für Niemand* heißt. Johnny hatte, bevor er losfuhr, die Schulen in Berlin aufgefordert, halbmast zu flaggen, war aber auf taube Ohren gestoßen (eine solche Trauerbeflaggung erfolgt normalerweise beim Tod von wichtigen Staatspräsidenten oder bei historischen Ereignissen wie 9/11 oder etwa am Tag des Gedenkens an die Opfer des Nationalsozialismus).

Auch Peter Möbius, der älteste der drei Möbius-Brüder, war noch am selben Tag aus Unna angereist und telefonierte sich die Finger wund, um einen Bildhauer zu finden, der eine Totenmaske von Rio anfertigen könnte.

Die Sache mit der Totenmaske hätte Rio, der sich immer auch für fremde und vergangene Kulturen interessierte, zweifellos gefallen. Im Land der Pharaonen, aber auch im alten China oder im Reich der Inka und Azteken wurde das Gesicht ei-

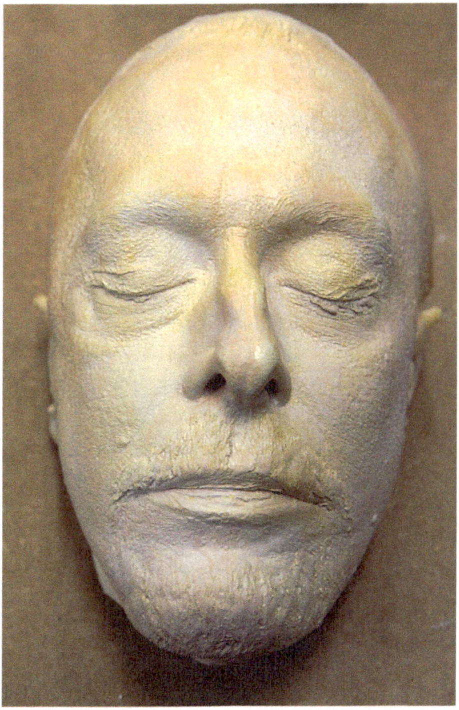

Totenmaske
Rio Reiser

nes gestorbenen Herrschers oder Priesterkönigs mit einer kostbaren Stein-, Gold- oder Bronzemaske bedeckt, um ihn im Tode gleichsam zu bewahren und zu veredeln. Diese kultischen Masken hatten freilich kaum Ähnlichkeit mit dem Dahingeschiedenen. Anders dagegen die neuzeitlichen Porträt- oder Erinnerungsmasken, die als Gipsabdrücke angefertigt werden, um den letzten Ausdruck des Gestorbenen für immer festzuhalten.

Es ist allerdings nicht so selbstverständlich, wie es scheint, dass die Brüder sofort daran dachten, eine Totenmaske von Rio anfertigen zu lassen. Es gibt zwar die Totenmasken berühmter Musiker wie Beethoven, Haydn, Mozart oder Schubert, aber wo sind die von Brian Jones, Kurt Cobain, Johnny Cash oder Elvis Presley? Hatte niemand rechtzeitig daran gedacht, eine anfertigen zu lassen?

Man hat nämlich nicht viel Zeit dafür. Der Abdruck muss, so Gert Möbius, innerhalb von 24 Stunden erfolgen. Andere Quellen verraten, dass man drei Tage Zeit dafür hätte, doch war in jedem Fall Eile geboten. Zum Glück gelang es Peter, den Bildhauer Holger Schmidt dazu zu bringen, seinen Urlaub zu unterbrechen, um den Abdruck anzufertigen.

Noch eine andere Idee wurde geboren, während alle im Garten um den Tisch herumsaßen. Wer zuerst darauf kam, ob nun John Banse oder Claudia Roth, Gert Möbius oder Peter, Jan Bajen oder R. P. S. Lanrue, ist nicht überliefert. Wahrscheinlich schwebte die Idee im Raum, wie man so sagt. Alle saßen um den Tisch herum, alle schauten versonnen auf den Apfelbaum, allen zugleich kommt auf einmal die Idee oder: die Eingebung, und einer spricht sie aus: Wie wäre es, wenn wir Rio hier begraben, dort unter dem Apfelbaum vor seinem Fenster?

Das war, muss man schon sagen, eine äußerst kühne Idee, aber an kühnen Ideen und dem Mut, sie durchzusetzen, hatte es den Möbius-Brüdern nie gefehlt: Es ist nämlich so, dass es in Deutschland verboten ist, jemanden auf seinem eigenen Grundstück zu beerdigen. Der Leiter des zuständigen Amtes lehnte das Ansinnen auch entschieden ab. Doch Peter Möbius, dessen Rede- und Überzeugungstalent schon viele Türen geöffnet und viele Berge versetzt hatte, ließ sich nicht entmutigen. Irgendwie schaffte er es – telefonisch, versteht sich –, bis ins Vorzimmer von Heide Simonis vorzudringen, der damaligen Ministerpräsidentin von Schleswig-Holstein. Würde sie ein Einsehen haben?

Die Trauerfeier fand in der Sankt-Willehad-Kirche in Leck statt. Pastor Buß, damals Superintendent von Unna und ein Bekannter von Peter Möbius, hielt die Trauerrede. Sein Leitmotiv war die Farbe Rot: Ein alter chinesischer Maler, so erzählte er, zeige seinen Freunden das Bild, das er zuletzt gemalt habe. Es zeigt einen Park mit einem schmalen Weg, der sanft hinaufführt, vorüber an Baum und Wasser bis zur roten Tür eines Schlosses. Die Freunde betrachten das Bild. Doch als sie sich zum Maler wenden wollen, steht dieser nicht mehr neben ihnen. Wo ist er? Auf einmal entdecken sie ihn in seinem Bild, er geht auf dem schmalen Weg zu der roten Tür, bleibt vor ihr stehen, dreht sich noch einmal um, lächelt, öffnet die rote Tür und verschwindet dahinter.

Wie mit diesem Maler, so der Superintendent, gehe es ihm mit Rio. Beim Hören seiner Musik entstünden Farben und Traumbilder. Und man sei mittendrin in seinen Texten und Tönen, aber plötzlich schließe sich eine Tür. Seine Stimme sei noch da, auch seine Musik. »Aber er ist fort. Jetzt, wo er fort ist, werden wahrscheinlich viele Menschen auf ihn aufmerksam – das seltsame Rot?«

Vermutlich wusste der Superintendent nicht, dass Rio einmal einen Song über die Farbe Rot geschrieben hatte. »Ich will rot!«: »Rot wie das Feuer, / rot wie ein neuer Tag. / Rot, rot rot! / Rot wie die Sonne, die uns weckt / nach jahrhundertlangem Schlaf. / Rot, rot, rot! / Bleib in Bewegung; wenn du aufgibst / und dich hinlegst, bist du tot.«

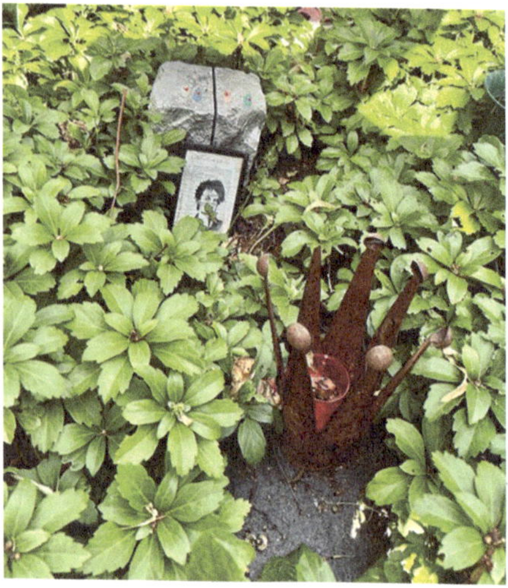

Grab (Ausschnitt mit Krone und Foto)

Und wahrscheinlich dachte der Superintendent auch nicht daran, dass die Farbe Rot nicht nur die Farbe der Liebe ist, nicht nur die Farbe der Sozialisten und Kommunisten, sondern auch die Farbe des Blutes, an dem Rio erstickt ist.

Das eigentliche Wunder an diesem Tag aber war nicht die Predigt, sondern das, was danach geschah: Als der Sarg aus der Kirche getragen wurde und noch nicht entschieden war, wo man Rio jetzt begraben würde, auf dem Friedhof oder unter dem Apfelbaum in Fresenhagen, kam der erlösende Anruf aus Kiel. Ministerpräsidentin Simonis hatte persönlich verfügt, dass Rio Reiser in Fresenhagen begraben werden durfte. Und so geschah es.

Doch damit nicht genug. Der Hof in Fresenhagen, so das Konzept der Brüder, sollte nicht nur Rios Grabstätte beherbergen, sondern ein Ort werden, an dem sich die Fans begegnen konnten, ein Ort, an dem weiter Musik gemacht, Musik gehört wurde – im Gedenken an Rio Reiser, den Musiker, der den Deutschrock aus dem Geiste der Rebellion begründet hatte. Wäre es Rios eigener Wunsch gewesen? Wenn ich einmal tot bin, will ich begraben werden, wo ich gelebt habe? So wie Elvis in Graceland, dort, wo er sein Haus hatte, mit dem langgestreckten Kellerraum, in dem die 1950er-Jahre-Sessel standen, der Fernseher und der Billardtisch? Auf dem Grundstück, auf dem das Flugzeug mit dem Namen Lisa Marie zu besichtigen war? Auf dem Anwesen mit der Pferdekoppel, zu dem die Fans aus aller Welt wallfahren, aus Verehrung und Liebe zu dem Sänger, der sie im Innersten berührt hatte?

Nun, Fresenhagen wurde nicht das deutsche Graceland. Gert Möbius, der sich bis zur Selbstaufopferung um Rios Nachlass und Nachruhm kümmert, hielt das Anwesen als Begegnungsstätte am Leben, solange es eben ging; als den Ort, an dem die Fans, die Rio liebten und verehrten, einander begegnen konnten. Am Ende aber wurde der Aufwand zu groß, die Instandhaltung zu teuer, und irgendwann war Schluss: Im Februar 2011 wurden Rios sterbliche Überreste nach Berlin überführt und auf dem St.-Matthäus-Friedhof in Schöneberg, an der Grenze zu Kreuzberg, bestattet. Das war, wenn man so will, Rios Heimkehr. Denn in Berlin wurde er, der damals noch Ralph Christian Möbius hieß, geboren.

## Rio und seine Brüder

Ralph »Ralli« Möbius wurde am 9. Januar 1950 in Berlin geboren. Brückenallee 17, Moabit. Sein Vater Herbert, Verpackungsingenieur bei Siemens, wurde ein Jahr später nach Westdeutschland versetzt, und natürlich zog die Familie mit. Sie zog überhaupt ständig um. Von Berlin nach Traunreut in Bayern, von Traunreut nach Brühl in Baden, von Brühl nach Fellbach in Schwaben, von Fellbach nach Nürnberg im Frankenland und von Nürnberg nach Nieder-Roden in Hessen.

Die Wohnungen wechselten, und alles war immer wieder neu und anders. Der kleine Rio spitzte die Ohren und sog alles begierig in sich auf: Geräusche und Klänge, Stimmen und Dialekte, Wortspiele in der Familie, Hausmusik (die Mutter spielte Klavier), das Rauschen im Radio: Schlagerparaden, Wunsch- und Sonntagskonzerte, die Funklotterie, die wöchentliche Suchsendung vom Roten Kreuz, einmal im Monat die Kabarettsendung *Günther Neumann und die Insulaner*, und natürlich die Schlagersängerin Catarina Valente und den Sänger Bully Buhlan – das alles hat sein musikalisches Gedächtnis geprägt.

Mutter Erika war immer davon überzeugt, dass ihre Kinder Ausnahmekünstler werden würden; Bruder Peter, neun Jahre älter als Rio, redegewandt, mit einer außergewöhnlichen Begabung für Malerei und Theaterkunst; Bruder Gert, sieben Jahre älter als Rio, der dem Jüngsten gegenüber nach eigener Aussage von Anfang an ein »Betreuersyndrom« (wie er es selbst nannte) entwickelte; und schließlich Rio, der sich als Autodidakt auf dem Klavier »Lily Marleen« oder »Die fesche Lola« beibrachte.

Und auch wenn Peter der Überflieger war: In Rio hatte die Familie ein kostbares Juwel, das erkannte die Mutter, das erkannten auch die beiden Brüder.

Dass sie, wo immer sie auch waren, die Zugereisten waren, die Fremden, die, die nicht dazugehörten, schweißte die Familie zusammen. Abends, beim Abendessen, gehörten Wortspiele zum Ritual. Der Umgang mit Worten, das Verdrehen und dadaistische Verfremden, machte ihnen allen einen Heidenspaß. Auch kleine Bosheiten gegeneinander waren erlaubt, vorausgesetzt, die Pointe stimmte. Dieser Sinn für Pointen, immer gewürzt mit einer Prise Sadismus, prägte sich in Rios Charakter ein.

Das frühe Training im Umgang mit Worten, die Lust am Sprachspiel, wird sich immer wieder auch in Rios Songtexten zeigen. Vivaldi und *wie Waldi* – Es ist wahr, dass *Hamburg* nicht die Hauptstadt von *McDonald's* ist – Der *Pepsodent* der USA – *Russe* in Beton und Stahl – Ob blond ob schwarz, ich brauche was *fürs Harz*.

In der Schule war Rio todunglücklich. Das institutionelle, disziplinierte und disziplinierende Lernen war ihm zuwider. Er war von Anfang an ein Schulversager oder Schulverweigerer oder wie immer man es nennen will, wenn einer sich dem Schulsystem entzieht. »Lasst mich mit euren Belehrungen in Ruhe, ich will alles selber entdecken«, das war Rios Devise.

Die B-Seite dieser Haltung besteht in einer gewissen Beratungsresistenz. Künstler, Sänger, Rock 'n' Roller sind sensible Wesen, jede kleinste Störung, dazu gehört auch konstruktive Kritik, kann heftigste Wirbelstürme auslösen.

1964, bei einem Besuch in Berlin, sah Rio die Beatles, und das brachte ihn vollkommen aus der Fassung. Wohlgemerkt: Er *sah* die Beatles, er *hörte* sie nicht. Er sah nur Fotos von ihnen in der Illustrierten *Stern*, die er zufällig bei seinen Großeltern im Badezimmer gefunden hatte. Es war für ihn »wie eine Welle, die einen mit wegreißt«. »Das waren WIR«, schreibt er in sein Tagebuch. Das waren die, die nie erwachsen werden. Das waren die, »die einfach sind wie Mädchen«. Als er die Pilzköpfe bald darauf auf Radio Luxemburg hört, möchte er vor Begeisterung am liebsten die ganze Wohnung zertrümmern. In diesem Augenblick war ihm klar, was sein nächstes Ziel war: Gitarre spielen zu lernen und sich Leute zu suchen, mit denen er Musik machen konnte. Er schnappte sich die Gitarre, die Gert sich für die Wandervögel angeschafft hatte, und gab sie nicht mehr her.

Hatte es bei den Beatles zwölf geschlagen, so schlug es, als er die Rolling Stones hörte, dreizehn. Wieder und wieder hört er ihre Platten: In einem Jugendzentrum in Frankfurt wagt er sich auf die Bühne, steigt bei der Musikgruppe The Ravens ein und singt »The Last Time«. Das war sein erster öffentlicher Auftritt. Einer der Rocker im Publikum sagt: »Ey, der singt ja wie Mick Jagger, hier!«

Peter und Gert Möbius hatten Anfang 1964 zusammen mit einigen Kunststudenten die Idee, ein Wandertheater zu gründen. Bald darauf zog die sieben oder acht Mann starke TEATER (ohne h!)-Truppe mit Traktor und Bühnen-Anhänger über die Dörfer und spielte der verwunderten Landbevölkerung Volksstücke vor wie *Die Legende des heiligen Florian* oder *Doktor,*

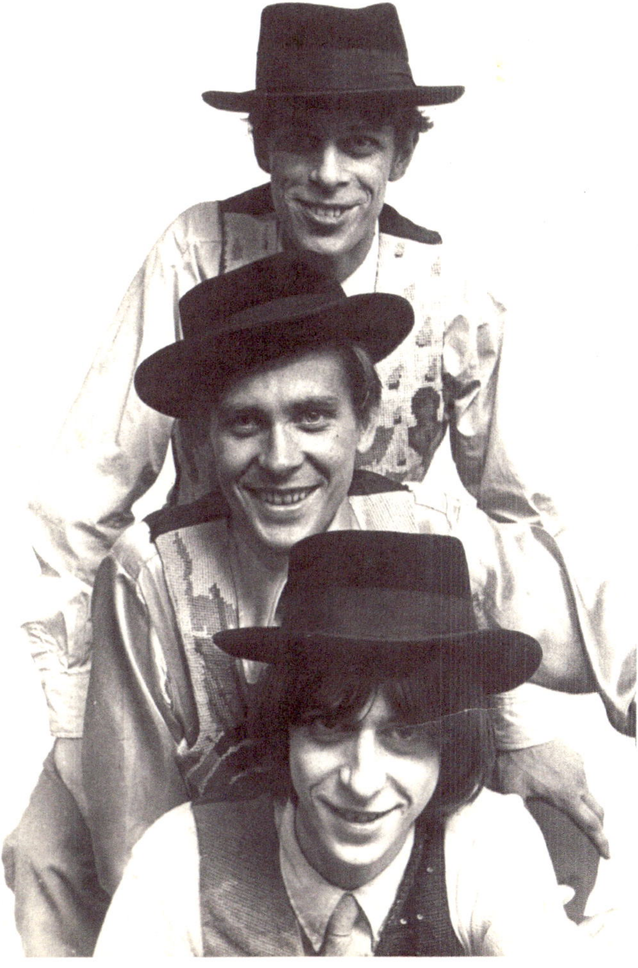

Rio und seine Brüder (von oben nach unten: Peter – Gert – Rio)

*Tod und Teufel* oder *Die Legende der heiligen Katharina.* Der 14-jährige Rio war der Hauskomponist – auf Augenhöhe mit den älteren Brüdern.

Die Musik für die drei Volksstücke komponierte er jeweils in einem anderen Stil: bayerische Volksmusik für den *heiligen Florian*, Couplets wie in Wiener Komödien à la Raimund und Nestroy bei *Doktor, Tod und Teufel* und von den Beatles inspirierte Musik für die *heilige Katharina.* Schon hier zeigte sich: Er war als Theater- oder Filmmusiker, oder wenn er sich einfach mal aus Lust und Laune irgendwo ans Klavier setzte, ein musikalisches Chamäleon. Er konnte wie Elvis singen oder wie Marlene Dietrich, wie Johnny Cash oder Hans Albers.

Auf die TEATER-Reise mit dem Traktor konnte Rio nicht mit, weil er noch zur Schule ging. Erwähnt sei aber, dass alle Mitwirkenden sich phantasievolle Künstlernamen zugelegt hatten. Rios Künstlername war David Volksmund, und das sollte später wie zufällig der Name der Plattenfirma von Ton Steine Scherben werden.

Nach einem halben Jahr gab die TEATER-Truppe auf und gründete bald darauf in Nürnberg das nunmehr nicht mehr wandernde Hoffmanns Comic Teater.

Der große Coup aber, mit dem die Möbius-Brüder 1967 Aufsehen erregten, war *ROBINSON 2000*, »die erste Beatoper der Welt«. Die »2000« im Titel bedeutete ähnlich wie später bei dem Film *2001 – Odyssee im Weltraum*, dass das Ganze irgendwo im Weltraum spielte.

Die Idee zu dem Plot und überhaupt zu dem ganzen Unternehmen entwickelten Peter und Gert gemeinsam. Peter, damals noch der künstlerische Überflieger der Familie, wortmächtig, redegewandt, eine Ideenschleuder und von unerschütterlichem Selbstbewusstsein, riss die Arbeit am Libretto an sich. Gert, der später mit einigem Humor von seinem ›Minderwertigkeitskomplex‹ berichtet, verlegte sich aufs Organisatorische, Verträge auszuhandeln und solche Sachen. Schließlich hatte er eine kaufmännische Lehre abgeschlossen.

Rio – jetzt war er 17 – wurde der erste Beatopernkomponist der Welt. Die Stars der Show, die vom 29. Juni bis zum 9. Juli 1967 im Berliner Theater des Westens aufgeführt wurde, waren Hans Hass jr., der Sohn des weltberühmten Tauchers Hans Hass, und David »Dear Mrs. Applebee« Garrick. Die Werbung für das Event war phänomenal. Noch Jahre später geriet Gert darüber ins Schwärmen. »Aber die Vorwerbung«, sagte er immer wieder begeistert, »die Vorwerbung!«

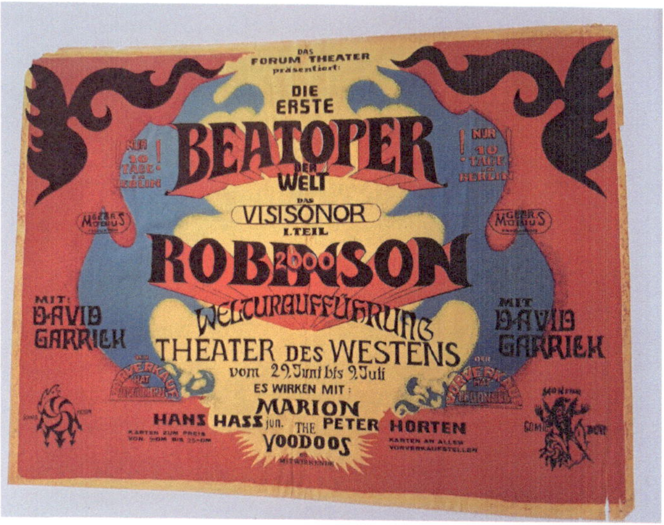


Plakat Beatoper

Die Berliner Zeitung BZ widmete der Sache eine Doppelseite, die anderen Zeitungen kündigten hoffnungsfroh die Premiere an, und die Rundfunkanstalten berichteten ebenfalls. Bei der Premiere im Publikum saßen Gert zufolge Ray Davis von den Kinks, Charlie Watts von den Rolling Stones und Pete Townshend von The Who: Die Konkurrenz schlief nicht. Aber wahrscheinlich schlief sie während der Vorstellung ein. Denn was dann folgte, war ein grandioser ... Flop. Es gab zehn Aufführungen, für die vor allem verbilligte Karten an Schulklassen ausgegeben wurden, die Presse verriss das Spektakel einhellig. Zum Höhepunkt der Abende wurde David Garricks Zugabe »Dear Mrs. Applebee«, während der er sein weißes Rüschenhemd ins Publikum warf. Nach zehn Vorstellungen verschwand die erste Beatoper der Welt sang- und klanglos in der Unendlichkeit des Weltraums.

Für das hinterlassene Defizit von 100 000 DM mussten die Brüder zum Glück nicht einstehen, weil Gert bei der Vertragsverhandlung aufgepasst hatte. So steht es in Gerts Buch. In Rios Biographie ist allerdings die Rede von einem Offenbarungseid, den Gert hätte leisten müssen. Rio berichtet mit sanftem Spott, Gert hätte sich während seiner kaufmännischen Lehrzeit *Das politische Grundwissen der Jungen Kommunisten* angeeignet, »was sich offensichtlich in der Praxis nicht mit dem 1964 bei der ›Hamburg-Mannheimer‹ Gelernten vertrug«.

Doch eines musste man den drei Möbius-Brüdern lassen: Sie hatten ausgefallene Ideen – und Mut wie die drei Musketiere, sie in die Tat umzusetzen!

## Fifi de la rue

Am 15. Januar 1966 um 14.31 Uhr schrillt in Nieder-Roden, Erfurter Straße 17, die Haustürklingel. Dieses Klingeln sollte die Welt verändern – nun ja, Rios Welt.

Rio öffnete die Tür. Draußen stand ein Engel mit schwarzen Locken, der also sprach: »Isch bringe dir die Band, von der du so lange geträumt hasch'.«

Der Engel trug ein verschwitztes Trikot und Fußballstiefel, er sah aus wie Harpo Marx, und sein Name war: Ralph Peter Steitz, genannt Fifi, genauer: Fifi de la rue, was später zu Lanrue verballhornt wurde. Seine Sprache war ein französisch gefärbtes Hessisch oder ein hessisch gefärbtes Französisch, wie auch immer, auf jeden Fall schwer zu verstehen.

Rio aber verstand ihn.

Die Band, für die Lanrue ihn engagieren wollte, waren die Beatkinks, die ihren Namen von der britischen Band The Kinks ableiteten. Dass Rio ein guter Sänger war, hatte sich herumgesprochen – »I heard it through the grapevine«, wie Trini Lopez singt –, aber natürlich musste Lanrue überprüfen, ob es auch wirklich stimmte. Daher bat er Rio, ihm etwas vorzusingen.

»Ich kann nicht nur singen, ich kann auch Gitarre spielen«, sagte Rio. »Was willst du hören?«

»Kannscht du Pleh wisch Feiä?«, fragte Lanrue. »Von den Schtons?«

Was für eine Frage! Natürlich konnte Rio »Play with Fire«, er konnte so ziemlich alles, was er sich auf Radio Luxemburg abgelauscht hatte (man höre sich nur die frühen Aufnahmen von Coverversionen an, die Rio im Hobbykeller mit seinem Grundig-Tonbandgerät aufgenommen hatte)!

Er nahm die Gitarre und sang dem Engel, der wie Harpo Marx aussah, die Ballade über den Jungen vor, der sich in ein Mädchen aus gutem Hause verliebt und sie warnt: Spiel nicht mit mir, du spielst mit dem Feuer: »Well you've got your diamonds / And you've got your pretty clothes / And the chauffeur drives your car / You let everybody know / But don't play with me ('Cause you're playing with fire)« (Nun, du hast deine Diamanten / Und du hast deine schönen Kleider / Und der Chauffeur fährt dein Auto / Du lässt es jeden wissen / Aber spiel nicht mit mir / Denn du spielst mit dem Feuer«).

Wir werden uns an diesen Song später noch einmal erinnern, jetzt ist erstmal Staunen angesagt: Lanrue castet Rio! Und der spielt folgsam vor, was Lanrue von ihm verlangt. Allerdings: Er singt und spielt so gut, dass Lanrue auf Anhieb Rios Genie erkennt. Und nun hat Lanrue ein neues Problem: Er muss nicht nur den Sänger seiner Beatkinks rauswerfen, was er ohnehin vorhatte, sondern auch den Gitarristen.

Lanrue selbst war damals noch nicht Gitarrist, sondern Schlagzeuger. Rio und er wurden, was sie damals noch nicht wussten, aber vielleicht schon ahnten, ein Musikerpaar, wie es im Buche steht, wie Lennon und McCartney, Jagger und Richards, Simon & Garfunkel oder die Everly Brothers. Beide, Rio und Lanrue, waren 16 Jahre alt, als sie einander begegneten, im typischen Bandgründungsalter. Ihre Sprache war die Musik, der eine wusste, was der andere wollte, alles übertrug sich auf magische Weise mit Hilfe der Kraft, die Lanrue immer »Psi« nannte. Beide hatten einen Hang zur Astrologie, und dass sie beide Steinböcke waren, schien ihnen von mehr als nur untergeordneter Bedeutung. Dieser 15. Januar, sechs Tage nach Rios und einen Tag nach Lanrues 16. Geburtstag, machte sie zu einem symbiotischen Paar. Zwei gegensätzliche Typen, die einander auf schöpferische Weise ergänzten. Hier der Junge aus der gebildeten Mittelschicht, dort der Straßenjunge, »de la rue«, dessen Großvater ein Eingeborener aus Madagaskar war. Hier der Sprachmächtige mit dem Hang zur Literatur, dort der Fußballer mit dem Talent zum Billardspiel. Hier der Sohn aus guter Familie, in der man Bücher wie *Anton Reiser* von Karl Philipp Moritz las, dort das Schmuddelkind von der Straße, das ein bisschen »pfui-pfui« war, Fifi de la rue.

»Spiel nicht mit den Schmuddelkindern, sing nicht ihre Lieder«, lautete damals ein Song von Franz-Josef Degenhardt. Rock 'n' Roll war *die* Musik der Schmuddelkinder, und die Liebe dazu verband die beiden so gegensätzlichen Typen für immer. Es war die Liebe zur Musik, nicht die Liebe zueinander: Rio war schwul, Lanrue war es nicht.

Lanrue war in Grenoble geboren, sein Vater war ein Deutscher, der während des Zweiten Weltkriegs in französische Kriegsgefangenschaft geraten war. Er blieb in Frankreich, arbeitete als Raubtierpfleger bei einem französischen Zirkus, O-Ton Lanrue: »Mon père fütterte les lions, pas les tigres«, heiratete die Tochter des Madagassen, die beiden bekamen fünf Kinder, drei Mädchen, zwei Jungs, und Lanrue war der Älteste. Noch so ein Gegensatz: Rio war der Jüngste in seiner Familie, Lanrue der Älteste.

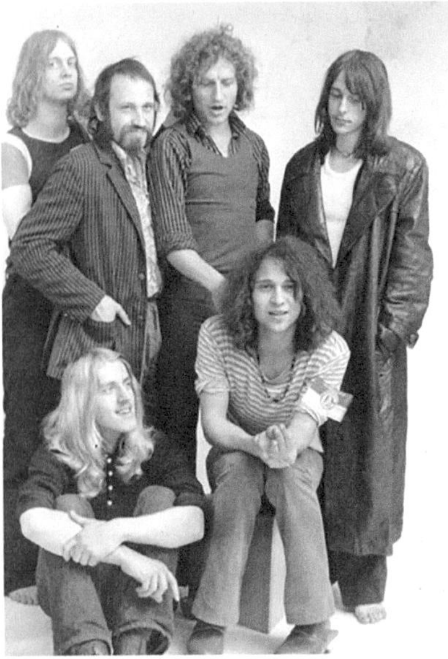

Lanrue 1972 mit Ton Steine Scherben (hintere Reihe v.l.n.r.: Kai Sichtermann, Nikel Pallat, Jörg Schlotterer, Rio Reiser; vorne: Captain Hynding und RPS Lanrue)

1962 war Lanrues Familie nach Nieder-Roden gezogen. Mutter und Kinder sprachen kein Wort Deutsch. Lanrue, zwölf Jahre alt, kam in die erste Klasse der Grundschule, weil er erst noch Deutsch lernen musste. Zwei Jahre darauf begann er eine Lehre als Dekorateur in Offenbach. An seinem ersten Tag wurde er zur Erheiterung seiner Arbeitskollegen zum Frühstückseinkauf geschickt: Vier Brötchen, zwei Kringel Fleischwurst und fünfhundert Gramm *Haumichblau*! Wie schon viele Lehrlinge vor ihm, fiel auch er auf den Scherz herein.

Beide, Rio und Lanrue, waren Autodidakten. Aber auch hier gilt wieder: Rio hat ein bisschen Klavierunterricht gehabt und sogar ein Jahr eine Musikschule besucht: Klavier, Cello, Harmonielehre. Lanrue dagegen musste sich alles selbst beibringen. Von Harmonielehre verstand er nicht allzu viel.

Kurz: Sie waren die Gegensätze, die sich anzogen, und doch waren sie einander in vielem gleich: gleichaltrig, gleichermaßen von Musik besessen, beide Fans von Rock 'n' Roll und von den Rolling Stones ganz besonders. Mit den Stones gab es übrigens auch eine Ähnlichkeit: Mick Jagger kommt aus einer Lehrerfamilie, Keith Richards' Vater war Industriearbeiter.

Seltsamerweise wurden die Beatkinks, Lanrues Band, bald aufgelöst, neu gegründet und umbenannt: Sie hießen jetzt De Galaxis, nach dem Künstlernamen, den einer von Gerts Kunstschulkumpanen Rio aufgedrückt hatte: Rio de Galaxis. Niemand hängte diese Namensänderung an die große Glocke. Und doch machte Rio damit Lanrues Band zu seiner, zu Rios Band. Es war aber wahrscheinlich auch richtig so. Lanrue war kein Frontmann. Er versteckte sich immer mit Hut im Hintergrund, auch später, als er Sologitarrist der Scherben wurde, während Rio vorne am Mikrophon stand.

Die Verbindung Rio und Lanrue hielt ein Leben lang. Rio ist ohne Lanrue nicht zu denken, Lanrue nicht ohne Rio. Das wird bei aller Rio-Verehrung oft übersehen. »Lanrue hat am meisten gelitten, als es die Scherben nicht mehr gab«, sagte Rio nach der Auflösung der Band im Jahre 1985. Wahrscheinlich ahnte der Psi-Prophet Lanrue, wohin die Solokarriere Rio führen würde. Eine Weile machte er mit. Nach dem legendären Seelenbinderhalle-Konzert im Jahre 1988 zog er sich zurück und ließ Rio allein weiterziehen. Aber er blieb treu auf dem Hof in Fresenhagen. Am Ende waren beide wie ein Ehepaar, das nicht mehr miteinander spricht, aber immer noch im selben Haus wohnt. Als Rio starb, stand Lanrue an seinem Bett. Ob er den

Hut abnahm, den er zeitlebens als sein Markenzeichen trug, ist nicht bekannt.

Beim Abschiedskonzert für Rio, das im Tempodrom stattfand, spielte er ein Solo auf der Gitarre, ohne Gesang, ohne andere Begleitung – aber mit Hut.

PS: Am 14. Juli 2024 schickten wir dieses Manuskript an den Verlag. Es war, wie wir erst später erfuhren, der Tag, an dem Lanrue starb. Psi? Wir hatten Anne, seine Frau, gebeten, ihm das Kapitel »Fifi de la rue« vorzulesen, weil er es selbst, von Krankheit geschwächt, nicht mehr lesen konnte. In unserem Text stand, sein Großvater stamme aus Tahiti. Als Anne an diese Stelle kam, schlug Lanrue die Augen auf und flüsterte: »Nicht Tahiti – Madagaskar.«

Am 2. August 2024 wurde Ralph Peter Steitz alias R. P. S. Lanrue auf dem Dreifaltigkeitsfriedhof in Berlin-Kreuzberg begraben. Dass er am Nationalfeiertag der Franzosen gestorben ist, sagte seine Nichte Nadine in ihrer Trauerrede, sei zweifellos »Psi«.

## Emanzipation von den Brüdern

1967 begann im Moabiter Landgericht der Prozess gegen die 68er Kommunarden Fritz Teufel (»Wenn's der Wahrheitsfindung dient«) und Rainer Langhans. Rudi Dutschke bekam im Nachrichtenmagazin *Der Spiegel* zum ersten Mal die Möglichkeit, einem größeren Publikum seine Ideen von der außerparlamentarischen Opposition vorzustellen. John Lennon schrieb für die am 25. Juni weltweit ausgestrahlte TV-Sendung *Our World* die Ode an die Liebe: »All You Need is Love (It's Easy)«. Das *Time Magazine* widmete am 7. Juli 1967 seine Titelgeschichte der Hippiekultur in San Francisco. Und das für Deutschland prägendste Ereignis war die Ermordung des Studenten Benno Ohnesorg durch den Polizisten und (wie sich später herausstellen sollte) Stasiagenten Heinz Kurras am 2. Juni. Eine Gruppe von Terroristen, mit denen Rio später zu tun bekommen würde, legte sich zur Erinnerung daran den Namen Bewegung 2. Juni zu.

Man kann die später so genannte 68er Bewegung nur verstehen, wenn man sie *nicht* als einheitliche Bewegung versteht. Es gibt nicht »die« 68er. Es gab von Anfang an – auch wenn es erst später offenbar wurde – zumindest zwei gegensätzliche Strömungen:

Auf der einen Seite die intellektuelle, studentische und trotz ihres antiautoritären Gewandes zutiefst dogmatische und diktatorische Linke, deren Charakter sich schon 1969 offenbarte, als es zu einer Welle von leninistischen, stalinistischen, trotzkistischen und maoistischen Parteigründungen kam. Auf der roten Fahne, unter der sie marschierten, standen, wenn auch ungeschrieben, die Worte »Revolution«, »Hauptwiderspruch«, »Nebenwiderspruch«, »Klassenbewusstsein« und »Parteidisziplin«. Später führende Politiker der Grünen wie Winfried Kretschmann, Jürgen Trittin oder Antje Vollmer kamen aus dieser Ecke.

Auf der anderen Seite stand die eher reformerische, oft auch anarchistische Strömung der Lehrlinge, Jungarbeiter, Trebegänger, Hippies und Haschrebellen. Zu dieser reformerisch-anarchistischen Szene gehörten Hausbesetzer, Stadtteilgruppen, alternative Kneipen, Buchläden und Jugendzentren, später auch die Frauen- und die Schwulenbewegung. Die Zauberworte für diese Richtung der 68er waren »selbstbestimmt«, »selbstorganisiert«, »selbstverwaltet«, »alternativ« oder »autonom«. »Spontis« wie Joschka Fischer, der spätere Grüne Außenminister, oder Daniel Cohn-Bendit kamen aus dieser Ecke. Diese antiautoritäre bis anarchistische Szene war es, der sich Rio und seine Brüder mit ihrem nach Berlin umgesiedelten Hoffmanns Comic Teater zugehörig fühlten. Der Be-

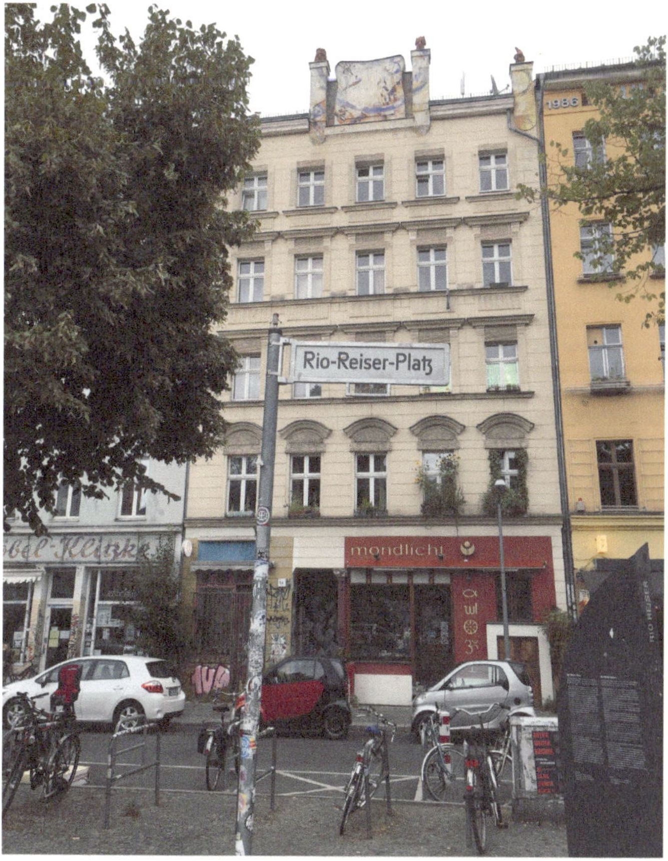


zirk von Berlin, der das Zentrum dieser Strömung wurde, war Kreuzberg, der Stadtteil, in dem es seit 2023 einen Rio-Reiser-Platz gibt.

Um die vielfältigen Produktionen und Initiativen der Möbius-Brüder in dieser Zeit zu beschreiben, würden *100 Seiten* nicht ausreichen. Rios Hauptbeschäftigung bestand zunächst darin, Theatermusik für das Hoffmanns Comic Teater und das Forum-Theater am Kurfürstendamm zu komponieren. Seine Brüder waren es, die die Aufträge besorgten, aber Rio, typisch Steinbock, machte sich zielstrebig auf den Weg nach oben, um seine Brüder eines Tages zu überflügeln. Er wird zeitlebens mal mehr, mal weniger mit ihnen verbunden bleiben. Für Peter, der später in Dortmund und Unna Theaterprojekte leitet, wird er Theatermusik komponieren, für Gert und andere Filmemacher die Filmmusik. Solche ›Gebrauchsmusiken‹, wie man in früheren Zeiten sagte, machen einen großen Teil seines Werkes aus. Dieser Teil seines Schaffens war für ihn selber aber nicht der Rede wert. Es war nicht das Eigentliche, nicht das, auf das es ihm wirklich ankam. Das Eigentliche war eine Musik, die eine Botschaft hatte, *seine* Botschaft. »Ich wollte die Welt selbst interpretieren und mit meinen musikalischen Mitteln verändern« – eine Anspielung auf die berühmte These von Karl Marx: »Die Philosophen haben die Welt nur verschieden *interpretiert*, es kömmt aber darauf an, sie zu *verändern*.« Rio wollte beides: interpretieren *und* verändern.

Aber vor allen Dingen wollte er sein eigener Herr sein, weder der alles beherrschenden Suada von Peter unterworfen, noch dem gut gemeinten Betreuer-Gestus von Gert. Seine Emanzipation von beiden Brüdern vollzog er – ob nun geplant oder einfach nur mit sicherem Instinkt – in zwei Schritten:

1. Die Trennung vom Hoffmanns Comic Teater durch Abspaltung mit der Theatertruppe Rote Steine.

2. Der Abschied von den Roten Steinen und die Gründung der Band Ton Steine Scherben.

Der erste Schritt ergab sich aus der Aufführung des Theaterstücks *Rita und Paul*. Die Handlung ist schnell erzählt. Die Schülerin Rita, Tochter des Kettenfabrikanten Kobra, verliebt sich in Paul, Sohn eines Arbeiters. Rita will mit Paul nach Alaska durchbrennen, aber dazu kommt es nicht. Im Radio wird gerade ein *BILD*-Zeitungskommentar gesendet, über den Paul so in Rage gerät, dass er den Radioapparat zertrümmert. Der Fabrikant und auch Pauls Vater rufen die Polizei, und die stellt die Ordnung wieder her.

Arbeitersohn verliebt sich in Tochter aus reichem Hause? Das kennen wir bereits von dem Song »Play with Fire«, den Rio Lanrue beim Casting für die Beatkinks vorgespielt hatte. Rio kam es bei dieser Produktion des Hoffmanns Comic Teaters vor allem auf die Grundstruktur an: Szene – Song – Szene – Song – Szene – Song. Wobei jeder Song auch für sich stehen konnte. Denn: »Ich wollte weg von der Theatermusik.«

Der spektakulärste Song von allen war der, den die Band spielt, nachdem Paul den Radioapparat zertrümmert hat. Der Text war von Norbert Krause, der sich von Rios Song »Good Time« inspirieren ließ: »Rain is falling – Tanks are rolling – Kids are laughing – Soldiers battle – But it's a good time«. Norbert Krause machte daraus: »Bomber fliegen – Panzer rollen – Polizisten schlagen – Soldaten fallen – die Chefs schützen – das Recht schützen – den Staat schützen – vor uns: Macht kaputt, was euch kaputt macht.«

Ein paar Lehrlinge im Publikum waren davon so elektrisiert, dass sie sich der Theatertruppe spontan anschlossen. Allerdings: So ganz nachvollziehbar sei das Stück für sie nicht gewesen, so Bernhard Ka in seinem Buch *…denn die Freiheit ist* *unser Ziel.* »Wir hatten eher nicht das Glück, im Kreuzberger Kiez eine Fabrikantentochter kennenzulernen und mit ihr ins Bett zu gehen. Was zwar schade, aber nicht zu ändern war.«

Mit den Lehrlingen wurde die Teater-Gruppe bald zu groß, obendrein wurde Peter zu dominant, und so kam es zur Spaltung. Die Lehrlinge, verstärkt durch Rio und Gert, die sich von Peter emanzipieren wollten, gründeten die Theatergruppe Rote Steine. Kai und Lanrue blieben beim Hoffmanns Comic Teater. Zu der Musikbesetzung der Roten Steine stieß Wolfgang Seidel, Sohn eines Kreuzberger Polizisten, Student, strammer Marxist und solider Schlagzeuger.

Aber kaum war die Spaltung vollzogen, kam Rios nächster Coup. Er besorgte sich eine gute Portion Meskalin, besuchte seine ehemaligen Musikerkollegen, und als alle so richtig »gut drauf« waren, machte er ihnen den Vorschlag, das Teater Theater sein zu lassen und eine Band zu gründen. Wahrscheinlich hätte er das Meskalin gar nicht gebraucht. Kai und Lanrue hatten sowieso keine Lust, Theater zu spielen. Und so kam es zur Gründung der Band Ton Steine Scherben.

## Keine Macht für Niemand

Ein knappes Jahr vor der Gründung von Ton Steine Scherben gab es eine denkwürdige Szene, die von großer Bedeutung ist für all das, was danach geschah. Rio hatte ein Demoband mit einigen Songs an den Musikproduzenten Peter Meisel geschickt, und der lud ihn und seine Musiker zu einem Aufnahmetermin in das Sonopress-Tonstudio der Ariola, das spätere Hansa-Studio, ein. Aufgenommen wurden zwei Songs: »Baby Baby« und »Freitagabend«. Nach der Aufnahme saßen alle im Büro des großen Musikbosses, der auch bereit war, »den Sänger oder die ganze Band?« unter Vertrag zu nehmen, aber Rio war wie versteinert. Er sagte weder ja noch nein. Peter Meisel hatte bei der Aufnahme der Gesangsspur versucht, Rios Stimme alles Charakteristische auszutreiben, und Rio wusste in seinem Innersten: Das ist genau das, was ich nicht will.

Der Witz an der Geschichte ist, dass Rio 16 Jahre später den Vertrag für seine Solokarriere mit dem Manager George Glück abschloss, der sein Büro in Berlin in der Wittelsbacherstraße hatte – bei Peter Meisel.

»Musik ist eine Waffe«, lautete das Manifest, das Ton Steine Scherben bald nach ihrer Gründung in der Berliner Untergrundzeitung *883* und in der Zeitschrift *Schwarze Protokolle*

# Musik ist eine Waffe

Musik ist eine Waffe!
Musik kann zur gemeinsamen Waffe werden, wenn du auf der Seite der Leute stehst, für die du Musik machst!
Wenn du mit deinen Texten etwas sagst und eine Situation nennst, die zwar alle kennen, die aber jeder vereinzelt in sich hineingefressen hat, dann werden alle hören, daß sie nicht die einzigen sind, die damit noch nicht fertig geworden sind und du kannst ihnen eine Möglichkeit zu Veränderung zeigen.
Musik kann also zur Waffe werden, wenn du mit ihr die Ursachen deiner Agressionen erkennst. Wir wollen, daß du deine Wut nicht verinnerlichst, daß du dir darüber klar wirst, woher deine Unzufriedenheit und deine Verzweiflung kommen.

Wir wollen die Feinde des Volkes nennen."Macht kaputt, was euch kaputt macht - zerstört das System, das euch zerstört!"
Unsere Musik soll ein Gefühl der Stärke vermitteln.
Unser Publikum sind Leute unserer Generation: Lehrlinge, Rocker, Jungarbeiter, "Kriminelle", Leute in und aus Heimen.
Von ihrer Situation handeln unsere Songs.

Lieder sind zum Mitsingen da.
Ein Lied hat Schlagkraft, wenn es viele Leute singen können.
Unsere Lieder sind einfach, damit viele sie mitsingen können. Wir brauchen keine Ästhetik; unsere Ästhetik ist die politische Effektivität. Unser Publikum ist der Maßstab und nicht irgendwelche ausgeflippten Dichter.
Von unserem Publikum haben wir gelernt Lieder zu machen, nur von ihnen können wir in Zukunft lernen, Lieder für das Volk zu schreiben.

Wir sind in keiner Partei und in keiner Fraktion.
Wir unterstützen jede Aktion, die dem Klassenkampf dient.
Egal, von welcher Gruppe sie geplant ist.

Wir werden in Berlin und Westdeutschland vor und in Betrieben und in den Jugendheimen der Arbeiterviertel spielen.
Dazu zeigen wir Dias, die eine Ergänzung zur Musik und zum Text bilden.

Das Ziel ist es, unsere Aktionen den jeweiligen Situationen in den Betrieben oder Stadtteilen anzupassen.

Dazu brauchen wir die Unterstützung der dort arbeitenden Gruppen.

## Ton Steine Scherben

Aus: *Schwarze Protokolle* Nr. 1, April 1972

veröffentlichten. »Unsere Lieder sind einfach, damit viele sie mitsingen können«, hieß es darin, und am Ende gaben die Scherben ein riskantes Versprechen: »Wir unterstützen jede Aktion, die dem Klassenkampf dient. Egal von welcher Gruppe sie geplant ist.« Die Erwartungen, die sie damit weckten, waren immens. Von Jahr zu Jahr traten die Genossen fordernder auf, und die Zauberlehrlinge vom Tempelhofer Ufer versuchten immer verzweifelter, die Geister, die sie gerufen hatten, wieder loszuwerden.

Zunächst aber war der Aufstieg kometenhaft. Kaum war die Band gegründet, nahm sie im schwarzen Ballsaal-Studio des Toningenieurs Klaus Freudigmann ihre erste Platte auf – eine Single mit zwei Songs: »Wir streiken« war von Lanrue, »Macht kaputt, was euch kaputt macht« von Rio, der den Text zusammen mit Norbert Krause geschrieben hatte. Sie hatten die Nummer ja schon bei *Rita und Paul* gespielt, aber für die Plattenaufnahme fehlte irgendein Earcatcher. Rio und Lanrue gingen noch einmal alles durch, was sie in den letzten Jahren gefunden hatten, und stießen dabei auf eine Sequenz aus einem Horrorfilm, eine bedrohliche Tonfolge, die einem das Blut in den Adern gefrieren ließ: »a – e – es – h – d – c«. Ein diabolischer Riff, dazu die Beschwörungsformel »Macht kaputt, was euch kaputt macht!« Text und Musik passten perfekt zusammen. Ohne danach gesucht zu haben, hatten die Scherben die Formel gefunden, die die Götter der Zerstörung herbeirief.

Am 6. September 1970, kurz bevor die Platte das Presswerk verließ, bekam die Band die Gelegenheit, auf dem Festival der Liebe auf der Ostseeinsel Fehmarn zu spielen, das ein deutsches Woodstock werden sollte. Engagiert waren unter anderen Canned Heat, The Faces mit Rod Stewart, Ginger Bakers

Airforce und Jimmy Hendrix, dessen letzter großer Auftritt es werden sollte. Aus steuerlichen Gründen (»Kultur«) war eigentlich die Theatergruppe Rote Steine verpflichtet worden, aber die Scherben nutzten die Chance für ihren ersten großen Auftritt. Das Fehmarn-Festival war lausig organisiert, aber so richtig vermasselt hatten es weder die Erotik-Versandunternehmerin Beate Uhse, die das Festival gesponsert hatte, noch die Hamburger Rocker, die für Ordnung sorgen sollten, sondern das Wetter, das das Festival der Liebe (ebenso wie das Woodstock-Festival) mit Dauerregen bestrafte. Die Scherben traten ganz am Schluss auf, Rio forderte die von Regen und Matsch durchnässten und verdreckten Festivalbesucher auf, »die Veranstalter ungespitzt in den Boden zu rammen«, und dann brachten sie die Menge mit »Macht kaputt, was euch kaputt macht« zum Kochen. Anschließend packten sie Hals über Kopf ihre Sachen und sahen durchs Rückfenster des Tourbusses nur noch, wie die Bühne in Flammen aufging.

Das war der Urknall der deutschen Rockmusik.

Die Fans rieben sich Augen. Was war das denn? Ton Steine – who? Gibt's von denen 'ne Platte? Kann man die kaufen?

Ja. Das Label, unter dem sie erschien, hieß – nach Rios Künstlernamen aus Teater-Zeiten – David Volksmund Produktion. Es war das erste Independent Label in Deutschland, auch das war eine Pioniertat! Die Infrastruktur für den selbstorganisierten Vertrieb war auch vorhanden: In allen Universitätsstädten hatten die Studenten linke oder politische Buchläden gegründet, in denen man die Raubdrucke der Bücher von Wilhelm Reich, Anna Freud oder Georg Lukacz kaufen konnte.

Kaum war die Single ausgeliefert, wurde in den Musikboxen linker Szenekneipen fleißig »Macht kaputt« gewählt. Zu

Weihnachten 1970 waren bereits 3000 Singles verkauft. Oder sogar 6000, je nachdem, wen man fragt. Zu Zahlen hatten die Scherben immer ein eher märchenhaftes Verhältnis. Aber wie auch immer – der Start für Ruhm und Reichtum war gemacht.

Nun, für Ruhm vielleicht. Aber für Reichtum?

»Ich möchte aufhören und pfeifen auf das Scheißgeld«, singt Rio in »Ich will nicht werden, was mein Alter ist«. Das Problem mit dem Scheißgeld ist nur, dass es auch seinen Stolz hat und auf die pfeift, die es verachten. Die Scherben waren von ihrer Ausstrahlung, ihrer Wirkung und ihrem Einfluss auf die deutsche Rockmusik her eine äußerst erfolgreiche, ja, sogar *die* Band, aber finanziell waren und blieben sie Underdogs. Der oft gezogene Vergleich mit den Stones mochte schmeichelhaft sein, er hatte aber immer auch etwas Demütigendes: Die Rolling Stones rockten die Deutschlandhalle und verdienten Millionen – die Scherben rockten die TU-Mensa und machten Schulden.

1971 ergab sich für die neu gegründete Band die Gelegenheit, in eine große Wohnung am Tempelhofer Ufer 32 zu ziehen – alle miteinander. Nur der Schlagzeuger Wolfgang Seidel machte nicht mit. Und Rio kannte kein Pardon: Wer nicht mit in die Scherben-Kommune einziehen wollte, der flog raus. »Zusammen leben, zusammen wohnen, zusammen arbeiten«, das war auch so ein Konzept der Neuen Linken, und die Scherben waren an vorderster Front mit dabei. Es kann allerdings – mit dem Abstand von mehr als 50 Jahren – nicht mehr übersehen werden, dass es sich dabei um ein eher kleinbürgerliches oder kleinbäuerliches Konzept handelte. Zusammen leben, wohnen, arbeiten – das machen der Kleinbauer oder der kleine Handwerker auch. Die marxistischen Linken verachteten die kleinbürgerliche Familie – und gründeten selbst Familien, die sie ›Kommune‹ nannten. Oder »Family«, wie es bei den Scherben hieß. Natürlich ›selbstbestimmt‹, aber dafür auch chaotisch. Hannes Eyber kann ein Lied davon singen, sogar ein Weihnachtslied:

Ich weiß nicht, was mich geritten hatte, zum ersten Mal an Weihnachten nicht zu meinen Eltern ins Forsthaus in Ahlhorn zu fahren.

Am späten Nachmittag des 24. Dezember 1973 kam ich am Tempelhofer Ufer an. Auf mehrfaches Klingeln machte niemand auf. Mit einem Teelöffel, den ich sicherheitshalber aus Frankfurt mitgenommen hatte, hebelte ich die marode Wohnungstür auf. Den Teelöffeltrick hatte mir bei meinem ersten Besuch hier Harry gezeigt, ein Drogendealer, in dessen linker Brusttasche seiner speckigen Anzugjacke statt eines Einstecktuchs eben ein Teelöffel und ein Dietrich steckten. Er tauchte am T-Ufer immer unangemeldet auf, ohne zu klingeln oder anzuklopfen, um kurz mal ›heißes Zeugs‹ zu bunkern, das, wie er es nannte, »vom Lastwagen gefallen« war.

Ich öffnete also die Tür und befand mich in einer anderen Welt.

Der große Gemeinschaftsraum bestand eigentlich aus einem Wohn- und einem Esszimmer, die durch eine Flügeltür voneinander getrennt waren. Die Flügeltür war immer offen. Das Mobiliar bestand aus zusammengeklaubten Sperrmüllstücken. Hinzu kamen die vielen wahllos auf dem Boden verteilten fleckigen Matratzen mit zusammengeknäulten Decken und Schlafsäcken, was diesen von der Architektur her großbürgerlichen Wohnraum in einen Schlafsaal für Obdachlose zu verwandeln schien.

Hätte man das Ganze als bewusst inszeniertes Environment betrachtet, dann hätte man es durchaus unter dem Kunstbegriff »Camp« einordnen können. Aber so war es nicht. Hier war alles zufällig zusammengetragen worden und total humor- und ironiefrei.

Zwischen all dem ramponierten Dekor standen Mikroständer mit und ohne Mikrophone, ein nicht ganz komplettes Schlagzeugset, Bongos, ein Keyboard, Lautsprecher, Verstärker, Tonbandgeräte, Kopfhörer, Kabel, die zwischen und unter den auf dem Boden verteilten Matratzen irgendwohin führten. In der hintersten Ecke vom ehemaligen Speiseraum stand ein altes, ziemlich verstimmtes schwarzes Klavier, das daran erinnerte, dass hier vor langer Zeit wohl Hausmusik gepflegt worden war – jetzt wurde hier ein andere Art Musik gemacht, das war schon an den übervollen Aschenbechern, dem schmutziges Geschirr und den leeren Flaschen zu erkennen.

Ton Steine Scherben hatten im vergangenen Sommer in dieser Wohnung zusammen mit dem Hoffmanns Comic Teater die vielbeachtete Kinderschallplatte *Herr Fressack und die Bremer Stadtmusikanten* produziert, mit der die Eltern von damals noch heute ihre Enkel und Urenkel im Auto, auf ihren Nachttöpfchen oder zum Einschlafen einlullen können.

Ich fröstelte. Draußen war es wärmer als drinnen. Ein paar brennende Kerzen tropften. Es schien niemand in der großen Wohnung zu sein, außer den drei Jungs, nicht älter als 15, die eng aneinandergekuschelt auf einer alten Matratze lagen. Ziemlich ungewöhnlich, diese Stille.

Normalerweise war hier ein Kommen und Gehen und für einen Außenstehenden absolut nicht zu erkennen, wer hier wohnte oder zu Besuch war und nur vorübergehend eine Schlafstelle hatte. Das konnten Olaf, Mecki, Lutze und Jako, oder ein anderes Mal Mischa, Gino, Ela und Tina sein, oder noch andere, ich konnte sie sowieso nicht auseinanderhalten.

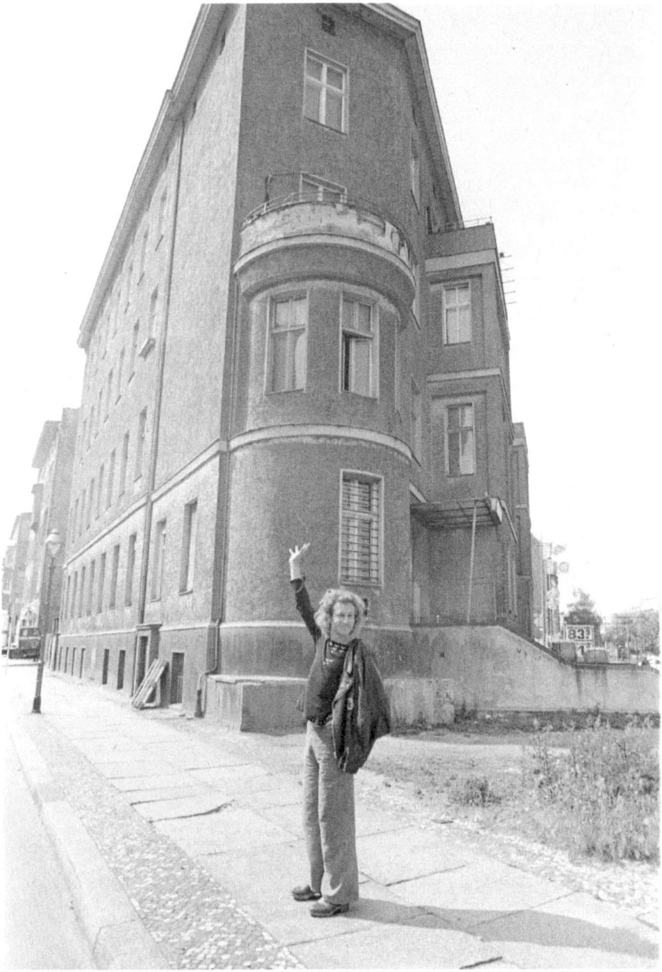

Schlotterer am Tempelhofer Ufer 32 (Foto: Rita Kohmann)

Lanrue, damals noch Fifi, hatte ein geräumiges Zimmer. Auch Schlotterer, der schon vor den Scherben hier gewohnt hatte. Rios Kemenate mit Hochbett war neben dem Badezimmer. In der Besenkammer am hinteren Eingang zur Wohnung, am Dienstboteneingang, logierte Kai mit seiner Freundin Angie. Nikel war mal da, mal nicht. Er hatte seine provisorische Schlafstelle neben dem Kachelofen, hatte aber auch noch eine kleine Wohnung irgendwo anders. Was Wolfgang Seidel nicht gedurft hatte, Nikel durfte es. Rio, der die Regeln machte, machte auch die Ausnahmen.

Ungewöhnlich war, dass an diesem Tag die große Flügeltür zwischen Salon und Speiseraum geschlossen war.

Die Wohnungstür knarrte. Ein Mädchen, es konnte Ela oder Tina gewesen sein, ließ sich auf die Matratzen fallen und kuschelte sich an die drei Jungs.

»Wo sinnen die alle?«

»Frag mir wat Leichteres.«

»Wo issen Ralle?«

»Nur ma kurz weg wegen den Alten.«

»Soll hier doch jetze Weihnachten geben.«

»Hat mich Ralle ooch jesacht.«

»Zu mir auch!« Bis dahin hatte ich kein Wort gesagt. Die vier schauten mich an wie ein Gespenst (»Ralle«, das war übrigens Rio, der damals noch »Ralph« hieß).

Wieder ruckelte es an der Wohnungstür, bis sie mit einem Knall aufsprang. Nikel wuchtete einen mächtigen Tannenbaum ins Zimmer, sagte zu mir: »Ah, du bist ja schon da«, und zu den vieren auf der Matratze: »Was lungert ihr hier noch rum, nun aber zack zack nach Hause, da gibt's Kartoffelsalat mit Würstchen.«

Aufgeschreckt wie junge Hunde rappelten sich die vier hoch,

grummelten irgendwas wie »Aber Ralle hat doch jesacht …«, und weg waren sie.

»Ts, ts, die Jugend von heute«, nuschelte Nikel in seinen Bart, während er damit beschäftigt war, den Tannenbaum zum Stehen zu bringen.

Meine Gedanken kreisten um diese Halbwüchsigen, die aus einer Welt kamen, die mir fremd war. Ich dachte, sie wären Heimkinder. Verstoßene. Straßenkinder ohne Eltern.

Als hätte er meine Gedanken erraten, sagte Nikel, ich sollte mir »keinen Kopp« machen. In Wahrheit kämen die alle aus Familien, die gar nicht so schlimm wären. Keine Asozialen. Unterschicht, ja. Aber normale Arbeiterfamilien. Die Kids hätten einfach nur ihr ursprüngliches Zuhause verlassen, seien »auf Trebe«, wie man hier in Berlin sagte, hätten im Rauch-Haus Unterschlupf gefunden und seien dann durch Rios Fürsprache hier aufgenommen worden. Was sie aber nicht daran hinderte, hin und wieder zum Essen oder, um ihr Taschengeld abzuholen, zu ihren Eltern zu gehen.

Plötzlich stand Rio im Zimmer. Er schaute auf die leeren Matratzen und fragte, während er den Ledermantel auszog: »Wo sind denn die alle?«

»Hab ich gerade nach Hause geschickt«, sagte Nikel, der immer noch mit dem Tannenbaum beschäftigt war.

»Na, dann frohe Weihnachten!« Wutschnaubend schleuderte Rio seinen Mantel auf den Boden und verließ die Tür knallend das Zimmer.

Nikel zuckte nur mit den Schultern. Solche Ausbrüche von Rio schien es häufiger zu geben. Das wichtigere Problem war jetzt: Wie konnte er diesen verdammten Weihnachtsbaum, der offensichtlich auch vom Lastwagen gefallen war, in einer aufrechten Position fixieren? Nach mehreren vergeblichen

Versuchen mit dem Kohleeimer lehnte er den Baum schließlich neben dem Kachelofen an die Wand. Dann klopfte er mir auf die Schulter und sagte, ich solle mir die Stimmung nicht vermiesen lassen, Weihnachten wäre ja nur ein klitzekleiner magischer Moment mit viel zu hochgesteckten Erwartungen und würde einmal im Jahr alle und jeden in einen sentimentalen Zustand versetzen, egal aus welcher Schicht, egal wo, ob im Schützengraben oder unter den Brücken, im Hotelzimmer oder in der Eisenbahn, im Krankenhaus oder im Eigenheim. Oder eben hier am T-Ufer 32.

Sprach's und verschwand. Er hatte ja seine kleine Wohnung irgendwo. Dort wartete seine Freundin mit dem Gänsebraten.

Da stand ich nun mit Teelöffel und Reisetasche wie bestellt und nicht abgeholt. Und ich hatte schon jetzt genug. Ich beschloss, mit dem letzten Interzonenzug zurück nach Frankfurt zu fahren.

Ich hatte schon die Klinke in der Hand, da hörte ich leise, ja fast schüchterne Klaviertöne, die allmählich in die Melodie eines Liedes übergingen, das mir bekannt vorkam. Ich stellte meine Reisetasche ab und folgte den Klavierklängen bis zu der Doppeltür des ehemaligen Speiseraums. Rios Stimme erklang, nicht laut, eher leise flehend: »Man hat uns nicht gefragt / als wir noch kein Gesicht, / ob wir leben wollten oder besser nicht. / Jetzt gehe ich allein / durch eine fremde Stadt / und ich weiß nicht, / ob sie mich lieb hat. / Ich schaue durch die Fenster, / durch Tür und Fensterglas / und ich warte, / und ich warte auf etwas.«

Ich lauschte weiter. Bei der letzten Strophe (»Wenn ich mir was wünschen dürfte, / möcht ich etwas glücklich sein«) öffnete ich vorsichtig die Tür. Rio saß an dem schwarzen Klavier

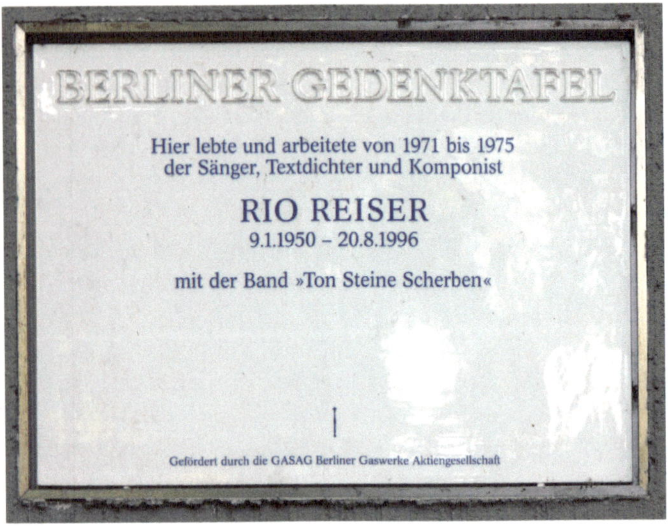


Gedenktafel am T-Ufer 32

und sang die letzten beiden Zeilen: »Denn wenn ich gar zu glücklich wäre, / hätte ich Heimweh nach dem Traurigsein.«

Er blieb eine Weile vornübergebeugt sitzen. Drehte sich dann abrupt zu mir um, wischte sich die Augen, lächelt verlegen, stand auf, umarmte mich und sagte: »Das ist alles eine große Scheiße. Lass uns ins *Gottlieb* gehen.«

So chaotisch es am T-Ufer zuging, so unbeirrt auf Kurs blieb die Band. Die Scherben spielten auf Mai-Demonstrationen, in Jugendzentren, in Universitäten, lasen Mao-Texte vor, riefen zu Hausbesetzungen oder zum Widerstand gegen dies oder jenes auf, hatten sporadische Kontakte zur RAF und zur Bewegung 2. Juni und litten immer wieder darunter, dass sie von den linken Studenten, Hausbesetzern, Leninisten, Stalinisten, Maoisten, Trotzkisten, Anarchisten oder Feministinnen mit weniger Respekt behandelt wurden als jede Feuerwehrkapelle im hinterletzten Dorf. Trotz chronischer Unterbezahlung leisteten sie ihren selbstauferlegten Dienst im Klassenkampf.

Umso erstaunlicher ist es, wie produktiv sie in den knapp fünf Jahren von 1970 bis 1975 waren. Sie beuteten sich selbst aus und ließen sich ausbeuten (nicht von den »Kapitalisten«, sondern von denen, die gegen den Kapitalismus kämpften), sie lösten sich entnervt auf, fanden doch wieder zusammen, denn: »Der Kampf geht weiter.« Aber bei allem Kampf mit sich selbst, mit den Umständen, mit den Genossen, die zugleich ihre Fans und ihre fanatischen Kritiker waren, kamen sie musikalisch und künstlerisch voran, denn *sie hatten etwas zu sagen*. Es war nicht beliebig, was sie spielten und sangen, es war etwas, an das sie glaubten, was sie beflügelte, was sie – vor allem Rio und Lanrue – zu Höchstleistungen anspornte.

»Yü Gung versetzt Berge« heißt ein kurzer Text aus der Mao-Bibel, den Rio gelegentlich vorlas. Das, was Berge versetzte, war der Glaube, auf der richtigen Seite zu stehen, das Richtige zu tun, etwas, das getan werden *musste*.

## Warum geht es mir so dreckig?

Drei Langspielplatten entstanden in dieser Zeit. Die erste, *Warum geht es mir so dreckig?*, kam 1971 heraus und zehrte fast vollständig von dem Fundus an Songs, die Rio und Lanrue für das Hoffmanns Comic Teater und die Roten Steine geschrieben hatten. Nur drei der neun Songs waren neu, der eine davon – »Der Kampf geht weiter« – war eine Auftragsproduktion für Angela Lutter und Werner Sauber von der RAF. Der Kontakt zur RAF lief vor allen Dingen über Jörg Schlotterer, der einmal auch nach Frankfurt reiste, weil Andreas Baader ihn gerufen hatte. Das Angebot, sich der Roten Armee Fraktion anzuschließen, lehnte Schlotterer dankend ab. Dem Wunsch, ein weiteres Kampflied für die RAF zu schreiben, kam Rio später mit »Keine Macht für Niemand« nach. Das wiederum lehnte die Rote Armee Fraktion dankend ab.

Die Band hatte sich als Agit-Rock-Band vorgestellt, eine Wortkombination aus Agitprop und Acid-Rock, aber auf der ersten Platte dominierte eindeutig Agitprop. »Der Kampf geht weiter«, »Solidarität«, »Sklavenhändler (hast du Arbeit für mich)«, »Alles verändert sich (wenn du es veränderst)« und natürlich »Macht kaputt, was euch kaputt macht« – sie alle waren Kampflieder, geboren aus dem Geist des Agitationstheaters, Lieder, die die Herzen der rebellischen Lehrlinge und Studenten höherschlagen ließen. Vor allem mit »Sklavenhändler« und »Alles verändert sich«, aber auch mit »Ich will nicht werden, was mein Alter ist« bewies Rio sein Talent, Liedertexte zu schreiben, die entstanden, weil er wie Martin Luther einst dem Volk aufs Maul geschaut hatte. Das »Volk« waren in diesem Falle die Lehrlinge und Jungarbeiter, die bei den Roten Steinen mitspielten und deren lakonische Sprüche Rio in seinem Notizbuch festhielt. Die Melodien, die ihm dazu einfielen, waren simpel und eingängig, und noch heute, nach einem halben Jahrhundert, singen die längst ergrauten Fans samt Kindern und Enkelkindern nostalgisch und mit verklärten Gesichtern die klassenkämpferischen Gassenhauer mit, als wären es Mitklatsch-Lieder wie »Ein bisschen Spaß muss sein«. Und damit wir uns nicht missverstehen: »Gassenhauer« ist ein Wort, das Rio selbst gern gebrauchte, durchaus positiv gemeint!

Ein bisschen Spaß machten sich die Scherben übrigens auch, als sie am 1. Mai 1973 weiß gekleidet mit riesigen Sombreros auf den Köpfen als Latino-Band auftraten und Sachen wie »La Bamba«, »Olé O' Cangaceiro« und »Guantanamera« spielten. Oder als sie einmal zum Erstaunen des studentischen Publikums nur englischsprachige Songs spielten. ›Verweigerung‹ nannte man das damals. Rio liebte es, Erwartungen zu durchbrechen, um nicht in Routine zu erstarren.

Aber noch einmal zurück zur ersten LP: Der einzige Song, der eine gänzlich neue Qualität hatte, war »Mein Name ist Mensch«. Er trat, so Rio, »einfach von selbst ans Tageslicht« – eine Bemerkung, die viel über den schöpferischen Akt verrät. Wenn der Song »ans Tageslicht« trat, dann muss er zuvor in der Nacht gewesen sein, in der Dunkelheit, in der Höhle, in der die schöpferischen Geister wohnen. Der Sänger steigt hinab, nimmt die Inspiration oder die Eingebung oder sogar einen ganzen Song mit hinauf, und wenn er dann oben ist, hat er schon wieder vergessen, wie es da unten zuging. Nur der Song ist da. »Einfach von selbst.«

Was ist neu?

»Mein Name ist Mensch« beginnt mit einem rasant-rhythmischen, sich immer wiederholenden, aus jeweils zwei Takten bestehenden Klavierintro, das den Zuhörer in eine Art Trance versetzt, bevor der Sänger sich zu Wort meldet: »Ich habe viele Väter. / Ich habe viele Mütter, / und ich habe viele Schwestern, / und ich habe viele Brüder. / Meine Väter sind schwarz / und meine Mütter sind gelb / und meine Brüder sind rot / und meine Schwestern sind hell. // Ich bin über zehntausend Jahre alt, / und mein Name ist Mensch!«

Das war neu! Das war nicht mehr die kleine Welt von *Rita und Paul*, nicht mehr die der Tagelöhner beim Sklavenhändler, nicht mehr die des jungen Arbeiters, der nicht werden will, was sein Alter ist – das ist mit einem Mal die mythische Grundsituation *des* Menschen, der zu uns spricht, *zu uns und aus jedem von uns*, denn wir alle sind das Ich, dem der Sänger hier seine Stimme leiht: »Und ich lebe von Licht, / und ich lebe von Luft, / und ich lebe von Liebe, / und ich lebe von Brot. / Ich habe zwei Augen / und kann alles sehn. / Ich habe zwei Ohren / und kann alles verstehen.«

Was folgt, ist – und auch das ist überraschend nach allem, was man bis dahin gehört hat – ein drei Minuten langes Gitarrensolo von Lanrue, das sich zunächst in Kaskaden in die Höhe schraubt, dort eine Weile herumtanzt, dann wieder in die Tiefen hinabsteigt und rhythmisch grummelnd unten verharrt, bis es erneut in die Höhe hinaufstrebt, mit sich wiederholenden, nur leicht variierten Phrasierungen – eine Tour de Force auf der Gitarre, auf die schließlich der zweite Teil des Gesangs folgt, in dem nun aber nicht mehr das Ich spricht, sondern ein Wir: »Wir haben einen Feind. / Er nimmt uns den Tag, / er lebt von unserer Arbeit, / und er lebt von unserer Kraft. / Er hat zwei Augen, / und er will nicht sehen. / Und er hat zwei Ohren / und will nicht verstehen.«

Doch dieser Feind, so die Verheißung des Sängers, wird bald schon überwunden sein, »denn die Zeit ist reif«.

Da haben wir das ganze Menschheitsmärchen in *einem* Song: mythische 10 000 Jahre der Ausbeutung, der Unterdrückung durch den Feind, der »viele Namen« hat. Doch *wir* werden kämpfen, und schon bald wird alles gut.

Dieser Song enthält die Essenz des frühen Rio: Religion und Revolution, Jesus und Karl Marx, die Bibel und Bakunin. Höret und staunet, ich singe euch von der baldigen Erlösung!

Kaum war die erste LP auf dem Markt, machten sich die Scherben auch schon an die Produktion der zweiten. Fast alle Songs dafür waren bereits geschrieben und riefen quasi danach, auf Vinyl gepresst zu werden. Eingespielt wurden sie diesmal im Alster-Studio in Hamburg, die Aufnahmen begannen am 28. April 1972. Drummer war nicht mehr Wolfgang Seidel, der ja die Band verlassen musste, weil er nicht mit in die Kommune am T-Ufer ziehen wollte, sondern Olaf Lietzau, ein 16-jähriges Naturtalent aus Hamburg, der auch nicht am T-Ufer wohnte, doch das Leben mit Widersprüchen war für Rio und die Scherben nichts Ungewöhnliches. Die Aufnahmen waren nach zwei Tagen beendet, abgemischt wurden die Bänder einen Monat später – und als die Scherben von Hamburg zurück nach Berlin fuhren, sagte Rio erstaunt: »Vier Master-Tapes, das wird ne Doppel-LP, Leute. Ich hätte nie gedacht, dass wir das in dieser kurzen Zeit schaffen.«

Die Doppel-LP *Keine Macht für Niemand* schlug bei den Fans noch heftiger ein als die erste LP, und sie ist weit mehr als eine aufnahmetechnisch bessere Fortsetzung desselben Programms: Wieder gab es rebellische Gassenhauer wie »Allein machen sie dich ein«, »Mensch Meier« oder den »Rauchhaus-Song«, aber auch den wunderbaren Blues »Feierabend«, der mit Werkhallengeräuschen und einer Sirene beginnt, bevor Lanrue seine Gitarre und dann Rio seine unverwechselbare Stimme ertönen lässt. Und es gibt den musikalisch von Muddy Waters inspirierten »Paul Panzers Blues«, den ausnahmsweise nicht Rio singt, sondern Nikel Pallat, der Manager der T-Ufer-Kommune, der den Song auch geschrieben hat. »Komm ich abends nach Hause zu meiner Braut. / Bißchen was zu fressen, hab ich bei Karstadt geklaut. / Und ich sag zu ihr: ›Puppe, ich bin heut so geil.‹ / Und sie sagt: ›Macht nix, Junge, schalt den Fernseher ein!‹ / Dann bin ich echt fertig und was ich stehn hab, laß ich stehn. / Den Abend, den kannst mich nur noch in einer Kneipe rumhängen sehn.«

»Mannish boy« würde Muddy Waters singen – und das ist auch der Titel, von dem »Paul Panzers Blues« seinen Groove hat.

Und wieder und wieder muss gesagt werden: Lanrues Gitarre, das gilt für die ganze Doppel-LP, machte die andere Hälfte des Zaubers aus. Merci, mon cher!

Revolutionäre Gassenhauer, Blues und Kampflieder wie »Die letzte Schlacht gewinnen wir« oder auch »Keine Macht für Niemand« sind aber nicht alles, was die Doppel-LP zu bieten hat. Ganz neu für Rio und die Scherben ist das Liebeslied: »Ich bin nicht unter dir, ich bin nicht über dir, / ich bin neben dir / Komm, schlaf bei mir«. Es wird nicht das letzte Liebeslied sein, bei weitem nicht, aber da es das erste ist, bricht Rios Stimme, während er singt – man möchte meinen, vor Rührung und Begehren.

Der Höhepunkt dieser Doppel-LP ist aber nicht der Titel-Song »Keine Macht für Niemand«, sondern das komplementäre Traumgespann »Schritt für Schritt ins Paradies« und »Der Traum ist aus«. Komplementär? Ja. Beide Male führt das Aufwachen zur Erkenntnis – einmal zu einer hoffnungsvollen Vision, das andere Mal zu einer schmerzlichen Ernüchterung. In »Schritt für Schritt« heißt es: »Ich bin aufgewacht und hab gesehen, / woher wir kommen, wohin wir gehen. / Und der lange Weg, der vor uns liegt, / führt Schritt für Schritt ins Paradies.«

In »Der Traum ist aus« dagegen: »Ich hab geträumt, der Winter wär vorbei, / du warst hier und wir war'n frei / und die

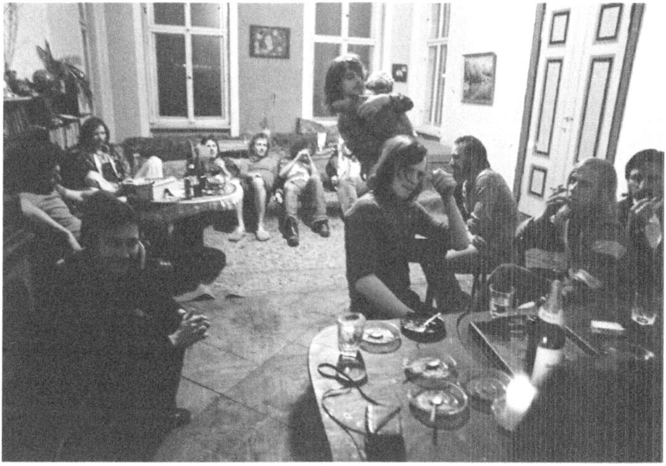

Kommune am T-Ufer (Foto: Rita Kohmann)

Morgensonne schien. / Es gab keine Angst und nichts zu verlieren. / Es war Friede bei den Menschen und unter den Tieren. / Das war das Paradies.« Doch dann kommt das Erwachen: »Der Traum ist aus! Der Traum ist aus! / Aber ich werde alles geben, daß er Wirklichkeit wird.«

Das eine Mal liegt das Paradies in der Zukunft, das andere Mal in der Vergangenheit. Das eine Mal erwacht der Sänger und sieht es vor sich, das andere Mal erwacht er aus dem geträumten Paradies und ist ernüchtert.

Nirgendwo wird diese Ernüchterung so sinnfällig wie auf den Konzerten, bei denen Misha Schoeneberg die Lichtregie führte. Der Traum vom Paradies ist in einlullendes Rosa gehalten. Aber als es heißt: »Der Traum ist aus!«, bricht plötzlich grelles weißes Licht über Sänger, Band und Bühne herein. Als ob man im wohligen Dämmerschlaf liegt und plötzlich jemand das helle Deckenlicht anschaltet.

Der Traum ist aus – aber immerhin: Ich *habe* geträumt. Viele von uns träumen ja nicht einmal mehr. Rio war ein Träumer, im wörtlichen und im übertragenen Sinne. Hannes Eyber – und er ist bei weitem nicht der Einzige – kann davon berichten, dass Rio in Fresenhagen tagelang in seinem Zimmer blieb, bevor er sich dazu aufraffte, einen Besucher zu empfangen. Er blieb in der Höhle, möchte man denken, vielleicht im Bett mit der Decke über dem Kopf, wer weiß das schon, vielleicht war das der Ort, an dem die Geister ihm den nächsten Song eingaben. Und wenn das Wort nicht so einen negativen Beigeschmack hätte, dann möchte man sagen, Rio war ein Traumtänzer oder (denn tanzen konnte er wirklich nicht): ein *Traumsänger*. Die Fans lieben ihn, weil er den Traum nicht *verkaufte* – die Scherben waren keine Traumfabrik –, sondern den Traum besang, der sein eigener war.

Es wurde gesagt, das Entscheidende, das die Faszination von Rio ausmachte, sei seine Stimme gewesen. Und so war es. Die Stimme war rau, und die Stimme war sanft, die Stimme war schüchtern, und die Stimme war fest, die Stimme war zornig, und die Stimme war zart, die Stimme wusste alles, und sie wusste es wirklich nicht. Aber was immer die Stimme sang – sie war glaubwürdig. Das war der Zauber von Rio. Wenn er auf der Bühne stand und sang, dann glaubte man ihm jeden Ton und jedes Wort. »Du hörst mich singen, aber du kennst mich nicht. / Du weißt nicht, für wen ich singe, aber ich sing für dich.«

Doch man wusste immer sofort, für wen er sang: für mich, und immer für mich.

Seit der Gründung der Band im Jahre 1970 war es Schlag auf Schlag gegangen. Jetzt aber dauerte es eine Weile, bis die dritte LP auf den Markt kam.

Zwischenzeitlich hatte sich die Band aufgelöst, Kai Sichtermann war diesmal nicht dabei, stattdessen spielte Werner »Gino« Götz einen sehr phantasievollen, melodischen Bass. Die Produktion der LP im Hamburger Alster-Studio zog sich diesmal über ein ganzes Jahr hin. Erst 1975 kam die LP *Wenn die Nacht am tiefsten* heraus. Das vielleicht schönste Liebeslied von Rio findet sich auf dieser Platte: Eine Zeile wie »Halt dich an deiner Liebe fest« kriegt man aus seinem Kopf nicht mehr heraus. Wie kann man sich an seiner Liebe festhalten, fragt man sich, und fängt an zu grübeln. Es ist eine ebenso heroische wie verheißungsvolle Aufforderung. Und sie sagt einiges über einen Menschen, der die Einsamkeit sucht und sich zugleich gegen sie wehrt.

»Durch die Wüste« ist ein verzweifelter Hilfeschrei, den alle kennen, die in einer »Wüste aus Stahl und Glas« wohnen, und das Trostlied, das Rio uns singt, verspricht »Wenn die Nacht am tiefsten, ist der Tag am nächsten«. Und wirklich, eines Tages ist »Land in Sicht«, »die lange Reise ist vorbei«, und »die Tränen von gestern wird die Sonne trocknen […] und die längst verlor'n Geglaubten werden von den Toten auferstehn.« (Dass Rio jeden Tag in der Bibel las, kann nicht oft genug betont werden.)

Kaum war die LP fertig, brachen die Scherben ihre Zelte in Berlin ab und zogen nach Nordfriesland auf einen halbverfallenen Bauernhof in Fresenhagen.

## Neun Phasen eines produktiven Lebens

**1950–56: Glückliche Kindheit**

9. Januar 1950 Geburt in Berlin.

Umzug nach Traunreut in Bayern.

1955 Umzug nach Brühl in Baden-Württemberg.

Erste Musikbox: »Addio Donna Grazia«.

**1956–60: Schule**

Einschulung 1956.

Erster Krankenhausaufenthalt. »Ich selbst hatte ja das Krankenhaus der Schule vorgezogen. Da wurde gesungen und gesoffen, und ich bekam auch schon mal 'n Schluck ab.«

**1960–65: Die Zeit der Erleuchtungen**

Umzug nach Schmiden bei Stuttgart. Von Schmiden nach Nürnberg. Von Nürnberg nach Nieder-Roden.

Rio schwänzt die Schule, liest Karl May und entdeckt die Bibel, die Beatles und die Stones.

1964 Tagebuch. Fotolehre. Musikschule Offenbach.

**1965–70: Das frühe Genie**

1965 Theaterkomponist für das Hoffmans Comic Teater.

15. Januar 1966 Lanrue casted Rio für die Beatkinks.

29. Juni – 9. Juli 1967 *ROBINSON 2000*, »die erste Beatoper der Welt«.

1968 Umzug nach Berlin. Lanrue folgt bald darauf nach.

Hoffmans Comic Teater in Berlin. *Rita und Paul.*

**1970–75: Ton Steine Scherben in Berlin**

1970 Gründung von Ton Steine Scherben, Einzug ins Tempelhofer Ufer.

September 1970 Auftritt auf dem Fehmarn-Festival. Gründung der David Volksmund Produktion.
1971 erste LP *Warum geht es mir so dreckig?*
1972 zweite LP *Keine Macht für Niemand.* Hausbesetzungen, Solidaritätskonzerte. Kontakte zu RAF und Bewegung 2. Juni.
1973 erste Auflösung der Scherben.
1975 dritte LP *Wenn die Nacht am tiefsten*
– Flucht aus Berlin.

**1975–80: Fresenhagen Eins**
1975 Umzug nach Fresenhagen.
1976 Wahlkampf für die SPD mit Captain Hammer.
1977 Titelrolle im Film *Johnny West.*
1979 Rio und Lanrue in der Toskana.

**1980–85: Fresenhagen Zwei**
1980 Startschuss für die Produktion der *Schwarzen.*
1981 *TSS IV Die Schwarze* erscheint.
1982 Elser-Tour. Danach: Claudia Roth wird Managerin.
1983 Rau-Tour. »Der Grüne Löwe«.
1984 »Die Grüne Raupe«.
1985 Wahlkampfkonzert für die Grünen.
Endgültige Auflösung der Scherben.

**1985–90: Sitting on Top of the World**
1985 Start in die Solokarriere.
1986 RIO I. Erste Solotournee
1987 LP *Blinder Passagier.*
1988 Rios zweite Solotournee mit dem Höhepunkt des Seelenbinderhalle-Konzerts in der DDR.

1989 der Mauerfall.
1990 Rio***.

**1990–95: Die Wende** oder **Von nun an ging's bergab**

1990 »Durch die Wand« mit der Geld-Tour.
Eintritt in die PDS.
1992 längerer Aufenthalt in der Schlosspark-Klinik Berlin.
Danach Theaterschauspieler, diverse Film- und Theatermusiken.
1993/94 Rio schreibt zusammen mit Hannes Eyber seine Autobiographie *König von Deutschland.*
1995 letzte LP *Himmel & Hölle.*

**1996 Der Tod**

20. August. Rio stirbt. Beisetzung unter dem Apfelbaum in Fresenhagen.

## »Ich bin schwul«

Fresenhagen, das bedeutet so viel wie Friesen mit einer Hecke drum herum. Man hätte es auch *Scherbenhagen* nennen können.

Für Rio war Fresenhagen nicht der Ort seiner Träume. Kein Bali, kein Phuket, kein Shangri-La. Es gab andere, die sich dort, in bäuerlicher Einöde, wohlfühlten, Jörg Schlotterer entdeckte die Freuden der körperlichen Arbeit und, da er im Sommer nachts im Freien schlief, die Erhabenheit des Sternenhimmels. Lanrue schloss Freundschaft mit Rapsie, einem Pferd, dessen Name sowohl Lanrues Initialen R. P. S. enthielt als auch das Psi, für das Lanrue eine besondere Begabung hatte. Nikel konnte den Plattenvertrieb auch vom Land aus betreiben, Funklöcher spielten damals noch keine Rolle.

Lanrue wurde sogar Mitglied des Fußballvereins MTV Leck. Leck war ein Bundeswehrstandort, der Chef der Fußballtruppe ein strammer Offizier. Als Schlotterer und Lanrue fragten, ob sie mal mitspielen dürften, wurden sie nur schief angeguckt – was waren denn das für bekiffte Typen? Langhaarig, wuschelköpfig, spindeldürr. »Er ließ uns aber mitspielen«, berichtete Lanrue, »und als ich denen vier Dinger reingeknallt hatte, haben sie nicht mehr gelacht.«

So suchte sich jeder seinen Platz in Fresenhagen. Nur Rio blieb ein Fremdling auf dem Lande. Einen Garten bestellen kam für ihn nicht in Frage. Spazieren gehen auch nicht. Von joggen oder Fahrrad fahren ganz zu schweigen. Er lag im Bett oder in der Badewanne und wartete auf Einfälle. Oder er saß am Klavier und arbeitete sie aus. Immerhin hatten Lanrue und er sich bald ein einigermaßen gutes Studio eingerichtet, zu dem auch Gäste kamen, um Songs für Theaterstücke zu vertonen.

So hoffnungsfroh der Umzug aufs Land begonnen hatte, so deprimierend wurde die Situation, als die Herbststürme kamen, der Regen aufs undichte Dach prasselte und die Kurzen immer mehr zum Ärgernis wurden.

Die Kurzen, das waren die jugendlichen Trebegänger, Mecki, Ina, Ola, Micha und Ela, die am T-Ufer ein und aus gegangen waren. Sie waren mit Zustimmung ihrer Eltern nach Fresenhagen gekommen. Das hinderte sie daran, in Berlin allzu viele Max-und-Moritz-Streiche auszuhecken. Rio hatte sie gern um sich. Was er mit ihnen anfangen konnte, war unklar. Musik machten sie nicht. Den Garten bewirtschafteten sie auch nicht. Arbeit am Haus, renovieren und solche Sachen, kam für sie auch nicht in Frage. Sich nebenan beim Bauern verdingen? Nö. Also langweilten sie sich zu Tode, nervten die anderen, indem sie 30-mal hintereinander in voller Lautstärke den Sommerhit »Paloma Blanca« laufen ließen, und als der allgemeine Unmut darüber zu groß wurde, schickte Rio sie zurück nach Berlin. Der, in den er verliebt gewesen war, Lutz, war ohnehin nicht mitgekommen. Er hatte an dem Tag des Umzugs von Berlin nach Fresenhagen »nur noch eben mit meener Mutter Küchenhandtücher koofen« wollen und sich dann nicht mehr blicken lassen. Auch ein paar andere verließen nach und nach den Hof. Von den anfangs 16 Bewohnern

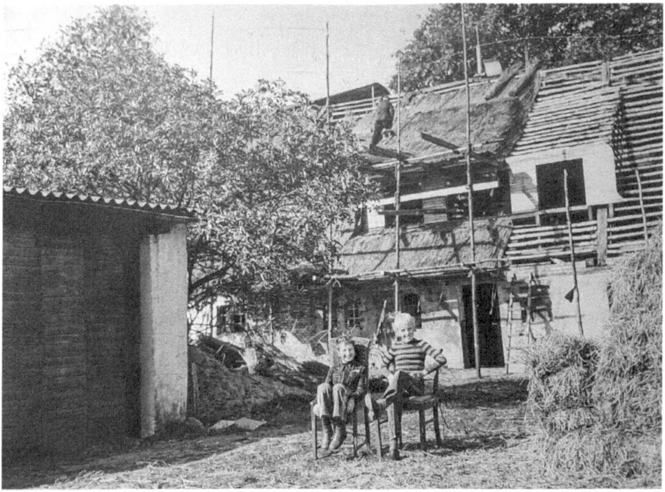

Fresenhagen 1976, zwei Nachbarskinder (Foto: von Egon Bunne)

waren Ende 1975 nur noch acht in der »Freien Republik Fresenhagen«.

Freie Republik Fresenhagen? – Der von idealistischen Fans andächtig gebrauchte Begriff hatte nichts, aber auch gar nichts mit der Realität zu tun. Er wurde von den Scherben selbst auch gar nicht verwendet, höchstens – so Kai Sichtermann – als Witz am Abendbrottisch in Anlehnung an die »Freie Republik Bethanien«, die nach der Besetzung des Rauch-Hauses ausgerufen worden war, um einen Besitzanspruch auf die übrigen Gebäude des ehemaligen Diakonissen-Krankenhauses Bethanien in Berlin zu erheben.

Fresenhagen, dieser verwunschene Ort, konnte etwas Düsteres, Bedrohliches haben. Manche sagten sogar, es spuke.

Als Besucher nach Fresenhagen zu kommen, erzählt Hannes Eyber, war wie ein Trip in eine andere Galaxis. »Fresenhagen hatte sein eigenes Zeitmaß. Du kamst in Niebüll mit dem Zug an und konntest deine Uhr wegschmeißen – alle Zeitstrukturen, an die du gewöhnt warst, galten nicht mehr. Fresenhagen war eine andere Welt, hatte eine eigene Aura. Mit dem Eintritt durch das Hoftor war man wie verzaubert. Das galt für alle Leute, die da ankamen, egal, ob sie nun Freunde, Familie, Bekannte, Musiker oder Gerichtsvollzieher waren. Diese geistige und körperliche Veränderung hatte ihren Reiz. Für mich war das ein Zustand wie in einem Rausch. Aber ich wusste auch, ich kann da zu jeder Zeit wieder raus, sonst wäre ich vermutlich untergegangen.«

Vielleicht lag das daran, dass der Vorbesitzer, Bauer Jansen, einst vom Scheunentor erschlagen wurde. Die Familie verließ den Hof, Haus und Scheune verfielen von Jahr zu Jahr mehr, und schließlich ersteigerte Nikel das verwahrloste Anwesen mit Hilfe von Kredit und Bausparvertrag, und so kamen die Scherben zu ihrem Anwesen.

Das Jahr 1976 war das Jahr der Bundestagswahl. Die SPD fragte bei den Scherben an, ob sie nicht für die Partei auf ihrer Wahlkampftour spielen könnten, aber Rio wollte sich und den Namen der Band nicht dafür hergeben, vor allem wohl aus Angst vor der linksrevolutionären Fangemeinde. Man hatte schließlich einen Ruf zu verlieren. Daher schickte er quasi undercover eine Zweitband mit Namen Captain Hammer auf Tour, zu der auch die damaligen Ex-Scherben Wolfgang Seidel und Kai Sichtermann gehörten. Aber weder Rio noch Lanrue waren dabei, außer mit den Songs, die sie dafür geschrieben hatten. Für diese Zweitbesetzung bekam die Band nur knapp die Hälfte der ursprünglich gebotenen 60 000 DM, aber Angriffe von den moralisierenden Linken auf die Scherben gab es trotzdem. So hatte sich die ganze Camouflage nicht gelohnt. Hätte er das gewusst, so Rio später, dann wäre er doch mit Ton Steine Scherben auf Tour gegangen.

»Ich will ich sein« war ein Song, den Lanrue und er für Captain Hammer geschrieben hatten und den Rio später in sein Repertoire aufnehmen sollte: »Und wenn ich wähle, will ich mich selber wählen. / Ich will kein Herr sein und kein Knecht. / Das ist mein Wille und mein Recht.«

*»Ich bin schwul! Ich gestehe, dass ich schwul bin!«* Mit diesem Verzweiflungsausruf verließ Rio am 19. November 1976 die Bühne des Audimax der Hamburger Universität und versuchte, irgendwo in den nüchternen Gängen der Uni seine Fassung wiederzufinden.

Was war passiert? Die Scherben hatten schon einen Teil des Konzerts hinter sich, es lief eigentlich ganz gut, der Beginn ihrer kleinen Tournee mit der Landkommune, zu der auch vier Frauen gehörten, die einen mehrstimmigen Chor bildeten. Die Töne dieser Chorsängerinnen waren die Steine des Anstoßes, die zum Angriff auf die Scherben führten. Der Angriff auf den Frauenchor erfolgte von ein paar Frauen mit kurzgeschorenen Haaren, die der sogenannten AA-Kommune angehörten, AA für Aktions-Analyse, irgendein Programm einer von Österreich bis ins norddeutsche Flachland vorgedrungenen Sekte, in der viel »gepudert« wurde, wie der Österreicher es nennt. Die Kurzgeschorenen stürmten ausgerechnet bei »Mein Name ist

Mensch« die Bühne, drückten den Scherben-Chorsängerinnen Klobürsten, Abwaschbürsten und andere Haushaltsutensilien in die Hände und beschimpften die Männer, diese armen unterdrückten Frauen als »Go Go Girls« zu missbrauchen. Rio warfen sie vor, dass er »sexistisch mit dem Arsch wackelt«, was ihn besonders aufregte. »Also, ich meine, wer mich kennt, der weiß, dass ich nicht mit dem Arsch wackle. Ich hatte mich bewegt und so rumgehampelt wie immer.« Womit er seine Art, sich auf der Bühne zu bewegen, perfekt auf den Punkt gebracht hatte. Für die kurzgeschorenen Frauen war Rumhampeln offenbar dasselbe wie sexistisch mit dem Arsch zu wackeln, was ein Licht auf die vielgerühmte sexuelle Befreiung in dieser Kommune wirft. Insider, die Wochen oder Monate in einer AA-Kommune zugebracht haben, berichten denn auch davon, dass die vermeintliche Befreiung eine ziemlich verkrampfte Veranstaltung gewesen sei. Sex nach Vorschrift, Geschlechtsverkehr mit Gruppenzwang, Pudern ohne Passion.

Es war Corny Littmann, Mitveranstalter und Spiritus Rector der Schwulen-Kommune Brühwarm, der die Stimmung im Saal wieder herunterkochte. Nach einer Weile kam auch Rio zurück, und das Konzert ging weiter. Die Aktion der AA-Kommune war natürlich geplant und alles andere als spontan gewesen. Rio: »Wer geht schon mit einer Klobürste ins Konzert?«

Doch die Störaktionen pflanzten sich fort. Auch an anderen Orten wurde die Band mit Protestaktionen linkspuristischer Fans konfrontiert. Rio und die Scherben konnten es offenbar nicht allen recht machen. Immer fühlte sich irgendjemand aus irgendwelchen Gründen dazu aufgerufen, gegen sie zu protestieren. Mit ihrem Gründungsmanifest »Musik ist eine Waffe« hatten sie nicht vorausgesehen, dass diese Waffe sich auch gegen sie selbst richten konnte. In Heidelberg wurden sie mit

Präservativen und rotgefärbten Tampons beworfen, was ihren ohnehin nicht besonders ausgeprägten Sinn für Humor erheblich strapazierte. So waren sie froh, als sie an Weihnachten wieder in Fresenhagen waren. Danach war erstmal Schluss mit Scherbentourneen.

»Ich bin schwul! Ich gestehe, dass ich schwul bin!« – Dieses erste öffentliche Outing war im Tumult des AA-Auftritts weitgehend untergegangen, es hat Rio jedenfalls nicht geschadet, nicht so, wie ein sehr viel späteres Outing, auf das wir noch zu sprechen kommen.

Aber die Situation war damals weit gefährlicher als heute. Männliche Homosexualität war durch den Paragraphen 175 verboten. Zwar wurde man deswegen nicht mehr verfolgt, jedenfalls nicht, wenn man Künstler war wie Gustaf Gründgens (der schon 1963 gestorben war) oder sein Schauspielerkollege Hubertus »Hubsie« von Meyerinck. Aber im normalen bürgerlichen Leben wurde man durchaus noch geächtet oder bestraft, wenn sich herausstellte, dass man schwul war.

Für Rio hatte es aber auch Vorteile. Anfang 1977, also nach der Tampon-Tournee, bekam er von Corny Littmann, dem späteren Eigner und Betreiber des Hamburger Schmidt-Theaters, das Angebot, in die Schwulen-Kommune Brühwarm einzuziehen und mit ihnen an einer Show zu arbeiten. Rio hatte ohnehin die Nase voll davon, allein unter Heteros zu wohnen. Also packte er seinen Koffer und zog zu Corny und den anderen ins Zweifamilienhaus nach Hamburg-Langenhorn. Es war eine Wohngemeinschaft nach 68er Art: Badezimmer- und Klotüren wurden nicht abgeschlossen. Das war nicht unbedingt das, was Rio toll fand, aber man arrangierte sich. Er hatte auch kein eigenes Zimmer, sondern schlief im Wohnzimmer auf der Couch, aber trotzdem: Für ihn war es eine große Befreiung, in dieser Wohngemeinschaft zu leben. Als hätte das hässliche Entlein unter den Heteros endlich die schwulen Schwäne gefunden, zu denen es gehörte. Es war eine ganz andere Welt als in Fresenhagen. Morgens beim Frühstück wurde erstmal darüber geredet, wer und wann in welche Sauna gehen wollte, und gleichzeitig wurden noch die Ficks der letzten Nacht durchgehechelt. Erst wenn man damit durch war, begann die Arbeit am geplanten Theaterstück.

Während die anderen in die Sauna gingen, arbeitete Rio mit Corny an den Texten. Das Stück *Männercharme* war bereits fertig konzipiert, es gab eine durchgehende Handlung mit einzelnen Sketchen und viele Lieder, deren Texte zum Teil auch schon geschrieben waren. »Tango« hatte Corny Rio schon gezeigt, als er angekommen war. »Immer wieder ficken« hatte Corny auch schon geschrieben. »Heute ist wieder Saunatag« war ebenfalls fertig. Insofern war für Rio nicht mehr allzu viel zu tun, zumal er ja jeden Fremdtext in Blitzgeschwindigkeit vertonen konnte. Er las einen Text, und schon hatte er dazu die Melodie im Kopf.

Rio blieb nur als Gast bei Brühwarm, die volle Mitgliedschaft bei diesen Berufsschwulen reizte ihn nicht. Aber schön war es doch. Das Ergebnis seiner Mitarbeit waren zwei LPs von Brühwarm, *Mannstoll* und *Entartet*. Von der ersten nahm Rio später den Song »Kommen sie schnell (Irrenanstalt)« in sein Repertoire mit auf, von der zweiten den »Shit-Hit«: »Noch ein bisschen Haschisch – nasch ich.«

Kaum hatte das Stück Premiere, bekam Rio ein neues Angebot. Und um es verkürzt zu sagen: Dass er schwul war, brachte ihm das Filmband in Gold ein. Das kam so: Er lag morgens in der Badewanne, als irgendwer aus der Brühwarm-Truppe zu ihm hereinkam und sagte, es gäbe ein dringendes

Telefongespräch für ihn, aus Frankfurt. Irgend so eine Filmfirma. Rio wollte davon nichts wissen. Er wollte baden. Das Bad war ihm heilig. Immer schon. Irgendwer verzog sich, kam aber nach einer Weile zurück. Die hätten schon wieder angerufen, sagte er. Er nannte auch den Namen der Filmfirma. Rio rief an und erfuhr, dass er unbedingt nach Frankfurt kommen müsse, sie suchten einen Hauptdarsteller für einen Film, die Empfehlung käme von Hannes Eyber, und er möge sich bitte sofort ein Erste-Klasse-Ticket besorgen und mit dem nächsten Intercity nach Frankfurt kommen. »Und da bin ich hellhörig geworden. Das Schlüsselwort war: Erste-Klasse-Ticket.« Und tatsächlich: Rio bekam die Titelrolle in dem Film *Johnny West*. Er spielte einen Roadie, der eine Musiktruppe auf Tournee begleitet, selbst von einer Karriere als Sänger träumt und sich in eine schöne Frau verliebt. Die schöne Frau war Kristina van Eyck.

Wie Rio später erfuhr, hatte zunächst Herbert Grönemeyer die Rolle gehabt, aber der in Kristina van Eyck verliebte Regisseur Roald Koller hatte ihn gefeuert, weil er Angst hatte, dass sich zwischen Grönemeyer und Kristina van Eyck etwas anbahnen könnte. Es gab Liebesszenen in dem Film, und vielleicht hatten die beiden privat schon mal geübt. Jedenfalls brauchte Roald Koller dringend einen neuen Hauptdarsteller, und diesmal wollte er die Rolle sicherheitshalber mit einem schwulen Schauspieler besetzen, der singen und Gitarre spielen konnte. So kam Rio an die Rolle und an die 20 000 DM Gage, die ihm geboten wurden. Später erfuhr er, dass Herbert Grönemeyer 30 000 DM bekommen hätte, aber da war es zu spät. Immerhin bekam er für seine Darstellung das Filmband in Gold als bester Nachwuchsdarsteller, das mit 10 000 DM dotiert war, und damit war die Differenz wieder ausgeglichen.

Der Film wurde ein totaler Flop. Zwischen Rio und Kristina van Eyck »knisterte es so sehr wie zwischen einem Holzschuh und einer Holzente«, war zu lesen. Immerhin gibt es am Ende des Streifens einen Auftritt von Roady Rio als Sänger, und das sah und hörte man gern. Lanrue spielt dazu im Hintergrund Gitarre, gut und wie immer mit Hut.

Die Sache mit Grönemeyer hatte, nebenbei bemerkt, noch ein Nachspiel. 1978, als Rio in Berlin in der Hohenstaufenstraße wohnte, klingelte das Telefon, und Rios Freund Thomas Müller ging ran. Es meldete sich wieder eine Filmfirma und bat um dringenden Rückruf. Thomas Müller, der ein wenig wie Mick Jagger aussah und alles andere als ein braver Junge war, sagte, Rio sei nicht da, und knallte den Hörer auf. Sehr viel später erfuhr Rio, um welche Rolle es gegangen war: Um die, die Herbert Grönemeyer spielte. In *Das Boot.*

Gert Möbius, Rios Bruder und Nachlassverwalter, konnte sich anscheinend nie richtig damit abfinden, dass Rio schwul war. Am Schluss seines Buches über Rio berichtet er von einer Doris, die behauptete, sich mit Rio heimlich im Hotel getroffen zu haben. Als weiteren Beleg nennt er die Namen von Frauen, zu denen Rio »sehr gute Beziehungen« gehabt hatte: Anne Reiche von der Bewegung 2. Juni, später aktiv in der Hamburger Hafenstraße; Annette Humpe, die seine erste Solo-LP produzierte; Ulla Meinecke, mit der er zusammen gesungen hat, und last but not least Marianne Rosenberg, die ihn in Fresenhagen aufsuchte und ebenfalls mit ihm zusammen auftrat.

»Ich bin hier oben auf meiner Wolke«, singt Rio und kann dazu nicht mehr Stellung nehmen.

Rio berichtete immer wieder von seinen Erfahrungen mit harten Drogen. Es war ein Leben am Rande des Abgrunds, und wenn man den Alkohol zu den harten Drogen hinzuzählt, dann ist Rio in diesen Abgrund am Ende hineingestürzt.

Schon die Gründung der Scherben war mit einem sanften Meskalintrip verbunden. LSD und Kokain machten die Runde, und irgendwann kam Heroin hinzu. Rio hat es, wie er betont, nicht gespritzt, sondern gesnieft. Das Entscheidende war für ihn, dass er sich selbst zum ersten Mal *als schön* empfand, nachdem er es gesnieft hatte. Das war vorher noch nie so gewesen. Ein Jahr lang habe er dann Heroin genommen, »das Zeug kam aus Thailand, war sauber, und ich musste nicht in irgendeine Szene gehen, um es mir zu besorgen«. Das Problem damit war nur: »Heroin, das ist Flucht.« Man flieht vor irgendetwas, und natürlich will man nicht zurück in die profane Welt, in der alles so verdammt grau und nüchtern ist. Man will weiter in dieser in Watte getauchten Welt bleiben. Doch die Gefahr dabei ist, dass man die Kontrolle verliert. Dass man in der Gosse landet. Das wurde Rio schlagartig klar, als Harry (der mit dem Teelöffel am T-Ufer), sein Dealer mit der Thailand-Connection, nichts mehr liefern konnte. Es kam kein Nachschub mehr. Rio wandte sich an eine andere Adresse, und das Zeug, das er da bekam, »war einfach Scheiße«. Er schaute in den Spiegel und sah plötzlich ein anderes Gesicht. Schön war es nicht. Im Gegenteil. Er holte sich eine Bindehautentzündung »von dem Dreck, der da drin war«, und damit war für ihn Schluss. »Da hatte auch der Tod seinen Reiz verloren.«

Rios Bericht über diese Episode zeigt, wie genau er sein Leben, sein Handeln und alles, was um ihn herum geschah,

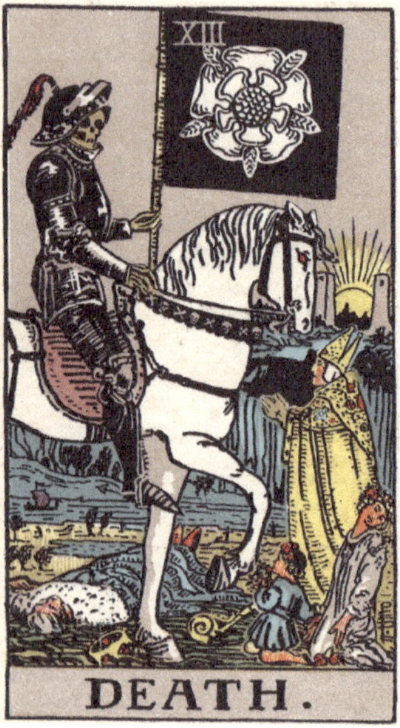


Tarot-Karte

wahrnahm. Und wie er, der Sänger, der immer gern barfuß auftrat, sehr bewusst auf dem schmalen Grat zwischen Leben und Tod balancierte. »Da hatte auch der Tod seinen Reiz verloren« – das heißt ja zunächst einmal: Er hatte seinen Reiz gehabt. Und um ein wenig vorzugreifen: Die Tarot-Karte *Der Tod* inspirierte Rio und Hannes Eyber zu dem Text »Filmkuss«: »Du sorgst dich um jeden / Bist plötzlich da, vergißt nicht einen. / Wie die Liebe, hast immer Zeit. / Du hungerst nicht. / Du bist dir selbst genug. / Wie ein Filmkuß – atemlos.«

## Die Schwarze

### »Du darfst nicht lieben«

Rio hatte mal wieder Liebeskummer. Rio hatte eigentlich immer Liebeskummer. Der liebende und leidende Rio – das ist eine Facette des Sängers, die uns ebenso vertraut ist wie der in seinem Gesang heroisch kämpfende Aktivist oder der Guide ins gelobte Land. Es gab ja in den 68er Zeiten nicht nur den Heroismus des Kampfes gegen ›den Feind‹ oder gegen ›die Kapitalisten‹, sondern auch den des Kampfes gegen den ›alten Menschen‹, der man noch war und den man bezwingen musste, um ›der neue Mensch‹ zu werden, ›ohne Eifersucht und Besitzansprüche‹. Misha Schoeneberg berichtet in *Als wir das Wunder waren* von der Dreiecksbeziehung zwischen Rio, ihm und dem alle betörenden Thomas Müller. Rio liebte Thomas Müller, Misha liebte Rio, Thomas Müller verführte den einen wie den anderen. Doch Thomas Müller musste sterben.

Kannte Rio Thomas Manns Roman *Doktor Faustus*? In diesem Künstlerroman verspricht der Teufel dem menschenscheuen Komponisten Adrian Leverkühn alle Genialität, die ihn befähigt, große Werke zu schaffen, aber unter einer Bedingung: »Du darfst nicht lieben.«

Galt das auch für Rio?

Thomas Müller starb, wie es heißt, »vor der Zeit«. Und viel zu früh starben auch, sei es durch Suizid, sei es durch eine Überdosis irgendeiner Droge, Raimund von den Roten Steinen, den Rio geliebt hatte, und Andy aus dem Rauch-Haus, in den Rio auch verliebt gewesen war. Gab es auch bei Rio einen schicksalhaften Zusammenhang zwischen seiner Liebe und dem Tod der geliebten Menschen?

## Toskana

Im Sommer 1979 war Thomas Müller noch am Leben. Er hatte gerade Rio und den Hof von Fresenhagen verlassen, und Rio machte sich zusammen mit Lanrue auf nach Italien, in die Toskana, um den Liebeskummer zu vergessen. Beide, Rio und Lanrue, hatten gerade eine üppige GEMA-Ausschüttung bekommen und fuhren mit dem Nachtzug, Schlafwagen erster Klasse, der morgens am 21. Juli 1979 in Florenz ankam. Von dort ging es weiter zum einsam gelegenen Sereto am oberen Rand des Arno-Tals, genau in der Mitte des Dreiecks Florenz–Arezzo–Siena.

Sereto war ein ehemals klösterliches Gehöft mit einer kleinen Kapelle aus dem 15. Jahrhundert, eine Ruine mit ein paar halbwegs bewohnbaren Räumen. Kein Strom. Kein fließend Wasser. Das Wasser musste man in Kanistern aus dem Tal heraufschleppen. Drum herum Wildwuchs, Macchia. Ein verwunschener Ort mit weitem Blick über das zerklüftete Tal.

Bei ihrer Ankunft waren Rio und Lanrue wie betäubt vom Licht, der Luft, dem Duft, den Farben, den vielstimmigen Geräuschen, dem Summen und Zirpen und Brummen und Flir-

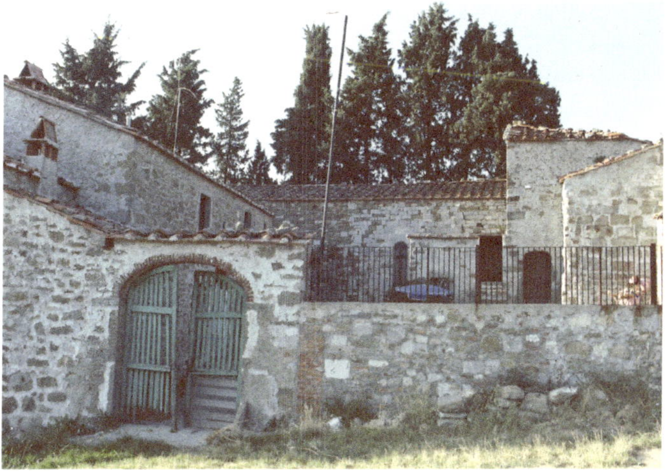

Sereto

ren der Insekten. Über das jahrhundertalte Mauerwerk huschten Smaragdeidechsen, die in der Sonne funkelten wie Diademe. Auf der verwitterten Steintreppe tanzte hochaufgerichtet, sich immer wieder umschlingend, ein Ringelnatterpaar seinen Hochzeitstanz.

Lanrue war der Erste, der seine Sprache wiederfand: »Die Nordsee ist das nicht!«, sagte er und zündete sich eine Zigarette an. In der Tat. Die Nordsee war das nicht. Fresenhagen war weit weg. Weit weg war auch der Stress der vergangenen vier Jahre. Kein Stress von außen, kein Stress von innen. Rio war wie verwandelt.

Ähnliches erlebten alle, die mit Rio irgendwann einmal in die Ferne gereist sind. Misha Schoeneberg: »Wer Rio nicht in

Thailand erlebt hat, der sollte nicht sagen, er habe ihn gekannt. Er war kein anderer Mensch, doch er war entspannt.«

Hannes Eyber und seine Frau Gisela hatten Rio und Lanrue für ein paar Wochen eingeladen. Ein Besinnungsurlaub. Oder auch, wie Rio viele Jahre später sagte, »ein Fingerübung-Urlaub«. Bedeutend waren, abgesehen von den kulturellen Exkursionen, dem mediterranen Essen und dem Wein, die Nächte auf der Terrasse, in denen Rio und Lanrue bei eingeschaltetem Kassettenrecorder improvisierten, während Hannes Gedichte rezitierte, vor allem Georg Trakls »Gesang zur Nacht«, eine endlos lange Ode, die für sie im Laufe ihrer nächtlichen Soiréen zu einer Art Mantra wurde.

Du bist in tiefer Mitternacht
Der Himmel, in dem du als Stern geglüht,
Ein Himmel, aus dem kein Gott mehr blüht.
Du bist in tiefer Mitternacht.

Beim Gezirpe der Grillen und dem melodischen Trällern der Nachtigallen spürten alle: Da bahnt sich etwas an. Und sehr viel später wird Rio im Gedenken an diese Nächte die Ballade »Bei Nacht« schreiben. Jetzt aber, unter dem sternenklaren Himmel, kamen er, kamen er und Lanrue, kamen Hannes, Lanrue und er, auf die Idee mit den Scherben »noch mal bei Null anzufangen«.

Dass dieser Wunsch aufkam, hing vielleicht auch damit zusammen, dass die Verkaufszahlen der drei Scherbenplatten in jüngster Zeit wieder in die Höhe gegangen waren, speziell von »Keine Macht für Niemand«. Das wiederum hatte etwas mit der Hausbesetzerwelle zu tun, die damals erneut anrollte. Die Scherben wurden wichtig für eine jüngere Generation, und der gestiegene Umsatz der Platten spülte genug Geld ins Haus, um eine Mehrspurmaschine zu kaufen, mit der sie eine Platte mit vertretbarem Sound im eigenen Studio würden produzieren können. So entstand in diesem Sommer in der Toskana die Idee, die Scherben wiederauferstehen zu lassen. Und für Rio war klar: Hannes Eyber musste dabei sein.

Die endgültige Entscheidung fiel erst an Silvester in Fresenhagen.

## Comeback mit Tarot

Silvester 1979/80 ging es in Fresenhagen so heiter zu wie nie zuvor. Alle waren guter Dinge. Vielleicht lag es an Hannes und seiner Frau Gisela, die den Geist der Toskana nach Nordfriesland getragen hatten. Rio war gelöst, Lanrue hatte wie immer guten Appetit, mit Funky und Kai waren die Ur-Scherben komplett, und an diesem Abend wurde der Entschluss gefasst – oder von Rio verkündet –, wieder eine eigene LP zu machen.

Die Frauen, Angie, Britta und Elfie, waren auch da, sie hatten mit Carambolage gerade selbst eine Band gegründet, mit der sie demnächst eine Platte aufnehmen und auf Tour gehen würden. Dass die Frauen mit ihrer Punkband vorpreschten, stimulierte die dornröschenartig schlafende Scherbentruppe noch einmal besonders.

Der Entschluss war gefasst, nun musste noch der richtige Zeitpunkt für den Beginn der Arbeit gefunden werden. Man kann ja nicht einfach heute, morgen oder übermorgen anfangen, nicht wenn man an die Macht der Sterne glaubt. So setzten sich die Hobbyastrologen Kai und Rio zusammen und errechneten mit pedantischem Eifer den richtigen Zeitpunkt für den Beginn der Arbeit.

Am Morgen des 22. Januar 1980 um 7.58 Uhr hatten Jupiter und Venus die richtige Stellung erreicht. An diesem Tag, zu dieser Stunde, in dieser Minute ließen die Scherben eine Flasche Sekt der Marke Freixenet Cordon Negro Brut an der Tür des Studios zerschellen. Das war die Studiotaufe für die neue LP, der magische Augenblick, mit dem die Arbeit an der *Schwarzen* begann. Und damit war zugleich der Schlusspunkt festgelegt: Genau ein Jahr nach diesem Startschuss musste die neue LP fertig sein. So lautete der Schwur. Und damit hatten die Scherben den Zeitdruck, den sie brauchten.

Was sie auch noch brauchten, war Inspiration. Die zündende Idee dafür gab ihnen das Tarot. Sie einigten sich darauf, dass zu jeder der 22 Arkanen des Tarot je ein Song geschrieben werden sollte.

Das Tarot – diese spielkartenähnlichen Bilder – bestimmte in der Folgezeit die kreative Arbeit der vier Ur-Scherben plus Hannes. Nachdem der Startschuss gefallen war, zogen alle gemeinsam aus dem Stapel eine Karte, die – man höre und staune – *Der Teufel* war. Gemeinsam schrieben die fünf den Text, euphorisch war ihre Stimmung, doch als auch der Text von »Heimweh« notiert war, fielen alle in ein schwarzes Loch. Von nun an ging nichts mehr.

Die Depression schwenkte schließlich um in Aggression, es gab eine fürchterliche Schreierei, irgendwann flog die nagelneue Vier-Spur-Maschine durch die Luft – Rio hatte sie in einem seiner charakteristischen Wutanfälle vom Tisch gefegt –, und nach diesem reinigenden Gewitter verständigten sich die fünf auf ein neues Reglement. Text- und Musikaufgaben wurden verteilt: Rio, Funky und Hannes bekamen Textaufgaben –

Lanrue, Kai und wieder Rio bekamen Musikaufgaben. Wer dann als Textdichter mit wem als Komponist zu welcher Tarotkarte zusammenarbeiten würde, bestimmte ein ausgefeiltes Procedere.

Und – ganz wichtig! – die fünf vereinbarten strengste Geheimhaltung! Niemand außerhalb ihres magischen Kreises sollte von dem Tarot-Geheimnis erfahren. Geheimhaltung ist bekanntlich das oberste Gebot aller magischen Zirkel. Das Schweigen verleiht einem Flügel – plaudert man das Geheimnis aus, dann verliert man die magische Kraft und stürzt ab.

Ein Beispiel für die Inspirationsarbeit mit den Tarot-Karten: Am 20. Juni 1980 wurde die Karte *Der Gehängte* gezogen. Funky sollte den Text dazu schreiben.

Der Gehängte auf dieser Karte ist nicht am Kopf, sondern nur an einem Fuß aufgehängt. Funky ließ sich, bevor er sich an die Textarbeit machte, ebenfalls an einem Fuß aufhängen. Als er da hing, Fuß oben, Kopf unten, rief er begeistert aus: »Oh, ist das toll! Ist das toll! Alles steht auf dem Kopf, ist ja Wahnsinn!« – doch dann auf einmal hatte er es eilig: »Lasst mich runter, lasst mich runter!«, weil ihm das Blut im Kopf rauschte und er es mit der Angst zu tun bekam.

Der Song, der dieser ungewöhnlichen Erfahrung entsprang, war »S. N. A. F. T.« – mit den nun nicht mehr rätselhaften Zeilen: »Ich fühle mich wie Meeresrauschen. / Laß mich in die Wolken fallen / und tauche in die Himmel« (der Titel »S. N. A. F. T.« war übrigens eine Erfindung des Druckfehlerteufels in Hannes' roter Valentine-Schreibmaschine: »Ganz snaft schließt du mich in die Arme ...«).

Ein Jahr lang dauerte, nur unterbrochen von Auftragsarbeiten, die Arbeit an der *Schwarzen*. Dann waren alle 22 Karten der Großen Arkanen gezogen, alle Songs geschrieben, alle ein-

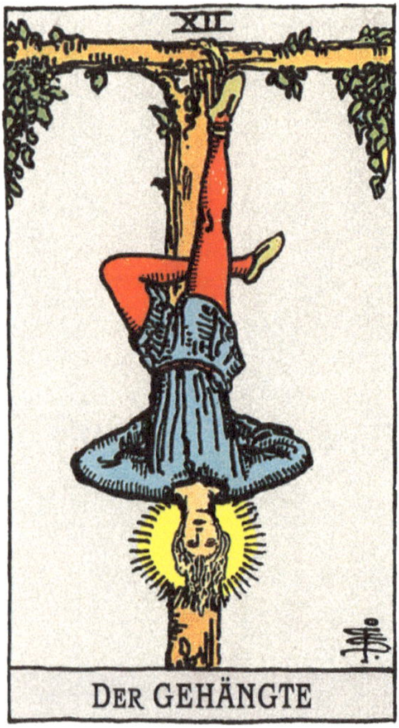


Tarot-Karte

gespielt. Nun mussten nur noch die Bänder zum Presswerk gebracht werden. Aber vorher wurden sie einem kleinen Kreis von Insidern vorgespielt, den drei Frauen von Carambolage, die ohnehin immer neugierig an der Studiotür gelauscht hatten, sowie einigen anderen, zu denen auch Rios Bruder Gert gehörte. Es war ein festliches Essen, eine lange Tafel, gespart wurde an nichts. Der Wein machte die Runde, die Stimmung war erwartungsfroh – und dann, nachdem zum Erstaunen und zur Begeisterung aller die Stücke gespielt worden waren, geschah das Unerhörte. Hannes Eyber ist Zeuge, Lanrue hat es

**Tarotkarten und ihre Songs**

*Der Teufel*: »Heimweh«
*Die Welt*: »Sumpf-Schlock«
*Der Stern*: »Vorübergehend geschlossen«
*Der Wagen*: »Kleine Freuden«
*Der Eremit*: »Auf Wiedersehen«
*Die Mäßigkeit*: »s' is eben so«
*Der Magier*: »Wie in den Tagen Midians«
*Die Herrscherin*: »Bleib wo du bist«
*Die Zerstörung*: »Der Turm stürzt ein«
*Das Gericht*: »Morgenlicht«
*Die Hohepriesterin*: »Niemand liebt mich«
*Der Mond*: »Ebbe und Flut«
*Der Gehängte*: »S. N. A. F. T.«
*Der Hohepriester*: »Auf ein Happy-End«
*Der Narr*: »Da!«
*Der Herrscher*: »Gold«
*Das Schicksalsrad*: »Jenseits von Eden«
*Die Liebenden*: »Fremder aus Indien«
*Der Tod*: »Filmkuss«
*Die Gerechtigkeit*: »Ich hab nix«
*Die Sonne*: »Kribbel Krabbel«
*Die Kraft*: »Alles ist richtig«

bestätigt: Rio erzählte seinem Bruder Gert, wie es bei der Arbeit an der *Schwarzen* zugegangen war. Oder, um es deutlicher zu sagen: Er brach das magische Schweigen und plauderte das Tarot-Geheimnis aus! Er allein! Ohne sich mit seinen Mitverschworenen abgesprochen zu haben. Und das, bevor die Platte fertig war. Die Zusammenkunft war ja keine Record-Release-Party, sondern eine erste interne Vorführung der 22 Songs. Doch selbst wenn es anders gewesen wäre: Hätte der magische Schwur nicht verlangt, erst im engen Kreis und nach Befragung der Sterne darüber zu entscheiden, ob die Zeit dafür gekommen war, das Geheimnis zu lüften? Und erscheint es nicht im Nachhinein so, als wäre dieser Verrat des Gruppengeheimnisses der erste Schritt, mit dem Rio sich abzuseilen begann, der erste Schritt in Richtung Solokarriere?

Dass es von nun an mit der Magie vorbei war, versteht sich von selbst. Ab jetzt ging vieles schief. Das fing schon damit an, dass die Songs zu lang waren, was zur Folge hatte, dass gegen Ende der jeweiligen Plattenseite die Rillen immer enger zusammenliefen und das Herausspringen der Nadel fast unvermeidlich wurde. Man hätte ein paar Minuten kürzen müssen, aber nun war es zu spät.

Zu allem Unglück folgten alle einschließlich Rio dem Vorschlag von Gert und Hannes, das Cover schwarz zu machen, als Antwort auf das *White Album* der Beatles und als Hommage an John Lennon, der am 8. Dezember 1980 ermordet worden war. Man verzichtete sogar darauf, ein Textblatt einzulegen, so dass die Texte, die ohnehin schon kryptisch waren, so dunkel blieben wie die Verpackung der *Schwarzen.*

Nur die Hardcore-Fans jubelten – die Kritiken waren mau. Von der »lausigen Fertigungsqualität« schrieb Michael Kröher in *Sounds.* Trotzdem sagte Rio später, sie hätten mit der *Schwarzen* »die Zwölf getroffen«, die Platte sei trotz des schleppenden Absatzes »ein Meilenstein«. Und in gewisser Weise war das auch der Fall.

Von gewaltiger musikalischer und poetischer Kraft sind »Jenseits von Eden« und »Der Turm stürzt ein«, Songs, die Rio auch immer wieder auf der Bühne sang. Aber auch »S. N. A. F. T.«, »Sumpf-Schlock« und »Kribbel-Krabbel« oder »Ich hab nix«, »Heimweh« und »Vorübergehend geschlossen« sind wunderbare Songs. Alle fünf Musik-Magier haben mit ihren Texten oder Kompositionen daran mitgewirkt, Hannes, Rio, Kai, Funky, Lanrue oder »Ha-ri-ka-fu-la«, wie sie in »Sumpf-Schlock« heißen. Und längst hat sich herumgesprochen, dass *Die Schwarze* alias TSS IV die anspruchsvollste, phantasievollste und rätselhafteste deutsche Rockplatte ist.

## König von Deutschland

Anfang 1982 gab es mit großem Aufwand und großen Erwartungen wieder eine Deutschlandtour von Ton Steine Scherben. Da Rio sich ganz auf den Gesang konzentrieren wollte, holte die Band sich Martin Paul als Keyboarder und Marius del Mestre als Gitarristen hinzu.

Martin Paul, genauer Martin Paul Hartmann, hatte Musik studiert, in verschiedenen Jazzbands gespielt, kannte sich in Harmonielehre aus und ist der Komponist von »Junimond«.

Marius del Mestre kam nicht vom Jazz, sondern war ein echter Rock 'n' Roller mit Rockabilly-Tolle und Berliner Schnauze. »Das ist Rock 'n' Roll« war sein Lieblingsspruch, und das war auch der Spruch, mit dem Rio ihn später aus der Band werfen sollte.

Am 22. Dezember 1981 fand in der Berliner Eissporthalle ein Benefizkonzert mit den Scherben und der Neue-Deutsche-Welle-Gruppe Ideal statt. Der Star von Ideal war Sängerin Annette Humpe, die später Rios Produzentin wurde. Für die Scherben war das Konzert die Generalprobe für die kommende Deutschlandtournee, die in die Annalen der Scherben als Elser-Tour einging. Das Konzert war für die Scherben ein komplettes Desaster. Die Monitoranlage auf der Bühne funktionierte, aber der Saalsound nicht. Für das Publikum hörte es sich an, als sei ein Kassettenrecorder in eine leere Badewanne gefallen. Aber das konnten die Scherben oben auf der Bühne nicht hören. Sie hörten sich über die Monitoranlage und wunderten sich darüber, dass das Publikum immer unruhiger wurde und seinem Unmut mit Pfeifen und Buhrufen Ausdruck verlieh. Was war passiert? Die Erklärung ist nicht ganz einfach, aber auch nicht allzu kompliziert. Zuerst hatte Ideal gespielt, danach kamen die Scherben. Beide Bands hatten je eigene Mischpulte, die mit den Saallautsprechern verbunden waren. Als die Scherben auftraten, hätte das Mischpult von Ideal ausgeschaltet werden und das Scherbenmischpult eingeschaltet werden müssen. Doch irgendjemand hatte das vergessen. Daher war immer noch das Mischpult von Ideal angeschaltet, aber die Instrumente der Scherben und Rios Gesang liefen ja nicht über dieses Mischpult und waren demzufolge auch nicht zu hören. Verzweifelt – und ziemlich unprofessionell – drehte der Saalmixer der Scherben an allen Knöpfen, verstellte damit alle Einstellung des vor dem Konzert sorgfältig austarierten Soundchecks und erreichte – nichts: Bis jemand sah, dass die Signale von der Bühne auf dem Mischpult von Ideal ankamen anstatt auf dem der Scherben. Aber da war es schon fast zu spät. Die Stimmung war im Keller und erholte sich auch während des ganzen Konzerts nicht mehr, zumal die Scherben nicht das spielten, was die Fans von ihnen erwarteten – also »Macht kaputt« oder Ähnliches –, sondern »Jenseits von Eden« oder »Der Turm stürzt ein« oder andere für Scherben-Fan-Ohren ungewohnte Songs.

Das Desaster hatte also eine ziemlich banale Ursache, es war ganz sicher auch irgendjemand schuld, entweder der Saalmixer von Ideal oder der Saalmixer von Ton Steine Scherben, aber für

Rio, Lanrue und die anderen wäre dies eine zu einfache Erklärung gewesen. Eine geheime Macht mit böser Absicht musste dahinterstecken, und was lag näher, als den Roadies von Ideal Sabotage zu unterstellen? Die wollten einfach nicht, dass die Scherben einen größeren Erfolg hätten!

Die Elser-Tour (benannt nach dem Tourmanager Elser Maxwell) war musikalisch durchaus erfolgreich, auch wenn drei Konzerte ausfallen mussten, weil Rio seine Stimme verloren hatte. Nur leider war das Ganze ein finanzielles Fiasko. Waren es 200 000, 300 000 oder 500 000 DM? Die Erzählungen darüber gingen auseinander. Wer die Gläubiger waren, wurde nie deutlich ausgesprochen. Sicher: Der Hof in Fresenhagen war mit einer Hypothek belastet, aber keine Bank der Welt hätte den beiden Eigentümern, Rio und Lanrue, dafür viel Geld geliehen. Es gab private Geldgeber, die natürlich alles auf Heller und Pfennig wiederbekommen sollten – die Autoren dieser Zeilen warten noch immer auf die Rückzahlung –, aber wer die Schulden zusammengerechnet hat und wie er oder sie auf die Endsumme gekommen ist, bleibt so dunkel wie das Cover der *Schwarzen.*

Im Mai 1982 übernahm Claudia Roth, die damals mit dem Keyboarder Martin Paul liiert war, das Management. Bei der von allen so genannten »Mai-Tour mit Schneewittchen« kam ein bisschen Geld herein, aber es reichte vorne und hinten nicht. Auch die sogenannte Rau-Tour, die 1983 von dem berühmten Konzertveranstalter Fritz Rau veranstaltet wurde, brachte keine finanzielle Erleichterung. Rio streckte seine Fühler in Richtung »Industrie« aus, wie die Dreibuchstaben-Firmen CBS, WEA und EMI von den Scherben mit Verachtung genannt wurden. Aber wer die großen Plattenfirmen verachtet, dem zahlen sie es heim. Oder sie zahlen eben nicht. Die Angebote waren jedenfalls beschämend niedrig, und Rio wollte die Scherben nicht für 'n Appel und 'n Ei verkaufen. Er wollte keine Almosen. Wenn schon »Industrie«, dann wenigstens »das Ding drehen und über Los gehen«, und das versprach er sich eher von einer Solokarriere.

Der erste, noch halbherzige, Versuch, das Solo-Ding zu drehen, war die Single »Dr. Sommer«, zu der die Produzentin Annette Humpe Rio mit 5000 DM überredet hatte. Dr. Sommer hieß damals der Sexberater der Jugendzeitschrift *Bravo*, aber es war nur die Jahreszeit, die von Rio besungen wurde. »Doktor Som-mer, wann kommst du wie-der.« Dazu wurde ein unsägliches Video produziert, auf dem Rio wie ein Teeniestar aussah: hübsch, verträumt, gut frisiert und mit frisierter Stimme, als hätte der böse Wolf Kreide gefressen, um all die unschuldigen Rotkäppchen zu vernaschen.

Die B-Seite der Single war ein Song der auch so hieß: »B-Seite«. »Ich bin so oft so kalt zu dir / und schau dich gar nicht an. Ba-ba-ba. / Ich bin nicht, der ich früher war, / ich weiß nicht, wo ich bin. Ba-ba-ba. / Aber das – ist nur meine B-Seite.«

Ein Song, geboren aus der Katerstimmung am nächsten Morgen.

»Dr. Sommer« war der Testlauf für die spätere Solokarriere, aber noch war es nicht so weit.

Erst einmal produzierten die Scherben ihre fünfte LP mit dem simplen Titel *Scherben*. In Rios Erinnerungen erscheint die damalige Situation am Hofe von Fresenhagen wie ein absurdes Theaterstück. Kai und Funky, durch ihre Mitwirkung an der *Schwarzen* als Komponist bzw. Texter ermutigt, brachten wieder eigene Beiträge ein. Marius del Mestre, der auf der Tour die Rhythmus-Gitarre gespielt hatte, kam gleich mit einem ganzen Schwung von Songs an. Auch Keyboarder Martin und selbst Claudia Roth wollten künstlerisch mitmischen. Das allein schon wurde Rio zu viel. Hinzu kam, dass Claudia jeden Abend am langen Tisch in der Küche von Fresenhagen haarklein von ihrem Arbeitstag berichtete: mit wem sie telefoniert, was er oder sie gesagt und was sie darauf entgegnet hatte. Das sei schon sehr ermüdend gewesen, sagte Rio, denn so genau hätten sie es gar nicht wissen wollen. Im Gegenteil. Sie hatten Claudia geholt, damit sie diese Gespräche nicht mehr selbst führen mussten, und nun mussten sie sich alles bis ins Detail beim Abendessen anhören. So rächte sich, dass der Kreis der Scherben, der während der Produktion der *Schwarzen* noch aus Vier plus Eins bestanden hatte, durch die Hinzunahme von Claudia, Martin, Misha und Marius jetzt auf Vier plus Fünf angewachsen war. Die einst aufgeklärte Monarchie am Hofe drohte in Demokratie, ja Anarchie umzuschlagen – oder in die Übernahme des Regimes durch Claudia.

Da half nur die Revolution von oben: Der Aufmüpfigste von allen, Marius del Mestre, wurde vom Hofe verbannt. Die anderen blieben da, waren aber gewarnt. Auf der *Scherben*-LP werden fünf Produzenten genannt. Fünf Musiker, fünf Produzenten – das klingt nicht nach Qualität, sondern nach Kompromiss.

*Scherben* ist die von Rio am wenigsten geliebte Platte der Scherbenzeit. Das lag auch daran, dass er selbst kein Instrument mehr spielte. Während die Playbacks aufgenommen wurden, saß er im Nebenzimmer und las Umberto Ecos Roman *Der Name der Rose*. Immerhin: Die Platte enthält Titel wie »Lass uns ein Wunder sein« und das witzige »Mole Hill Rockers«: Irgendetwas Außergewöhnliches war auf jeder Platte dabei.

Vielleicht hat Rio die *Scherben*-LP aber auch deswegen nicht geliebt, weil er gar nicht mehr mit dem Herzen dabei war. Er wollte unbedingt den Sprung in die große Karriere schaffen, zumindest in die Dimension des Erfolgs, in die Udo Lindenberg, Herbert Grönemeyer und Marius Müller-Westernhagen vorgedrungen waren. Und das schien mit den Scherben nicht möglich. Das Image von Ton Steine Scherben bestand nun einmal aus: Agitrock, Musik als Waffe, wie es im Gründungsmanifest heißt. Und an diesem Image würden die Scherben immer gemessen werden, ob sich die Zeiten geändert hatten oder nicht. Auch Rio als Solokünstler stand dieses Image auf die Stirn geschrieben. Dass aus Rot nun Grün geworden war, änderte nicht viel. »Vor allem, was heißt grün? Der Dollar ist auch grün.«

Claudia Roth versuchte jedoch eifrig, die Scherben in eine Wahlkampftruppe für die Grünen umzufunktionieren, 1983 mit »Der Grüne Löwe«, 1984 mit »Die Grüne Raupe«. »Claudia war richtungsbestimmend geworden«, so Rio, »und ich wurde mir immer sicherer, dass ich in diese Richtung nicht gehen wollte.«

Und so kam der Tag, an dem Rio die Ur-Scherben Lanrue und Kai sowie ihren Schlagzeuger Funky K. Goetzner zusammenrief und mit ihnen die Auflösung der Band beschloss. Misha Schoeneberg war dabei, und auch Carambolage-Sängerin Angie Olbrich, die schon am T-Ufer mit den Scherben zusammengewohnt, sie oft auf Konzerte begleitet und auch als Backgroundsängerin mitgewirkt hatte. Nicht dazugeladen waren Martin Paul und Claudia Roth. Nachdem Rio den genialen Spruch »Man kann nicht duschen, ohne nass zu werden« von sich gegeben und Lanrue etwas vom »Reichtum der Unabhängigkeit« genuschelt hatte, stand Kai auf und sagte: »Ich komm gleich wieder.« Er ging zusammen mit Angie zu einer nahe-

**Rio zur Auflösung der Scherben**

Mir lag noch der Klang der CBS-Leute im Ohr: Rio ja, Scherben nein. Der allgemeine Trend war von Gruppen weg – hin zu Solokünstlern. Grönemeyer hatte sich mittlerweile nach vorn gearbeitet, ebenso wie Marius Müller-Westernhagen. Es ging also immer mehr auf Solos zu.
Es war einfach keine Perspektive zu sehen. Wovon hätten wir eine neue Platte machen sollen, wovon hätten wir die Schulden bezahlen sollen usw. Wir sprachen also darüber und haben gar nicht lange gebraucht, vielleicht eine halbe Stunde, und wir sagten, okay, die Sache hat sich erledigt.
Ich hatte ja in der Zeit immer noch Verhandlungen mit WEA und sah da noch eine Perspektive, eventuell solomäßig einen Erfolg zu haben. Das wäre dann meine Chance gewesen ... Ich wollte meine Unabhängigkeit behalten, und als Band hätten wir ja nur eine Chance gehabt, wenn wir unsere Unabhängigkeit aufgegeben hätten. Für mich gab es nur die Möglichkeit, mich erstmal in eine Abhängigkeit zu begeben, um dann längerfristig wieder aus der Tretmühle, in die ich mich begeben hätte, herauszukommen.

gelegenen Kneipe und holte drei Flaschen Sekt. Damit wurde die Trennung begossen, und es war endgültig Schluss mit Scherben.

Wer war schuld? Die Schulden! So konnte Rio sich selbst und allen anderen seinen Sprung in die Solokarriere als Opfergang verkaufen. Er müsse ja jetzt Geld verdienen, sagte er, er müsse sich »an die Industrie« verkaufen, er müsse »auf den Strich gehen«, aber das wolle er lieber alleine tun. Die Identität der Scherben wolle er dafür nicht opfern, auf keinen Fall. Schon seltsam, diese Gleichsetzung von Karriere und finanziellem Erfolg mit »Sich an die Industrie verkaufen« und »Auf den Strich gehen«: Waren sie alle auf den Strich gegangen, Elvis, die Beatles, die Stones oder Bob Dylan? Und wenn Rio jetzt »auf den Strich ging« – wer war der Zuhälter?

Annette Humpe stellte den Kontakt zu George Glück her, der Rios Manager wurde. Rio schrieb später für ihn den ironischen Song »Manager«. »Und alles, was dann noch zu fragen bleibt, ist: / Rat mal, wer wohl solche Texte schreibt? / Mein Manager ...«

George Glück regelte den Abschied von der WEA, bei der Rio »Dr. Sommer« herausgebracht hatte, und verhalf ihm zu einem Vertrag bei CBS. Deren Haus-und-Hof-Produzent Udo Arndt produzierte dann zusammen mit Annette Humpe die LP *Rio I.*

Rio gefiel besonders, dass Udo Arndt international bekannte Musiker für die Aufnahmen engagierte: Curt Cress – »ist ja sowieso ein Weltschlagzeuger, spielt bei Tina Turner und weiß der Geier, wo noch« –, Peter Weihe – »spielte ja sogar mal für Clapton Gitarre« – und Ken Taylor als Bassist – »hatte gerade bei ›Girls Got a Brandnew Toy‹ von Markus einen Hit«.

Als ausgekoppelte Single war zunächst »König von Deutschland« im Gespräch. Das gab in Rios engerem Umfeld heftige Diskussionen. Das dürfe er niemals machen, sagte jemand, so einen Schwachsinn als Single rausbringen, damit verrätst du die Botschaft, mit der du angetreten bist! Damit machst du dir dein Image kaputt! Rio aber kam in Versuchung, zu sagen: Das ist es ja gerade, was ich will. Der Scherben-Purismus hing wie ein Bleigewicht an seinen Füßen. Der Konflikt löste sich dann ironischerweise dadurch, dass George Glück und die CBS selbst an den Scherben-Rio anknüpfen wollten. Die Single, für die sie sich entschieden, war das frechste und groovigste Stück: »Alles Lüge«. Gleichwohl kam die LP unter dem Titel *Rio I.* auf den Markt und krönte damit den König von Deutschland.

Und endlich – endlich! – kam Rio in die Charts. Die Rechnung war aufgegangen: seine eigene mit der Auflösung der Scherben, die von Manager George Glück mit dem Vertrag mit CBS und die der Produzenten Annette Humpe und Udo Arndt mit der Verpflichtung von drei Weltklasse-Musikern.

»Der schlaksige Musiker«, schrieb *Der Spiegel*, »gilt derzeit vielen Fans und auch Kritikern als der beste Rocksänger der Republik.« Rio bringe die derzeitige Weltlage mit einem rockigen »Alles Lüge« voll auf einen Nenner. Was Rio auszeichne, sei seine »feine, aber stets beißende Ironie«.

Wir zitieren diesen Artikel, in dem so gut wie nichts richtig war – Rios Geburtsjahr wird mit 1957 angegeben, angeblich war Rio ein Adoptivkind etc., will sagen: Da ist einer von Rio in den April geschickt worden und hat's nicht gemerkt –, wir zitieren ihn wegen der »feinen, aber stets beißenden Ironie«, die Rio von den anderen Rocksängern der Republik unterscheide. Denn da hätte der Schreiber beinah einen Punkt getroffen, auch wenn es bei Rio mehr war als nur »feine, aber stets beißende Ironie«, und auch wenn Ironie eigentlich nicht beißend ist. Trotzdem: auf *Rio I.* zeigt sich ein Zug von Rio, der immer da gewesen war, der sich aber nie so ausgelassen austobt wie hier: Humor.

Da ist die Kindertraum-Nummer »König von Deutschland«, die auf humorvolle Weise die Phantasie durchspielt, die jeder von uns schon einmal gehabt hat: Was würde ich machen, wenn ich König wär? Da ist das Spiel mit Wahrheit und

Lüge, in dem die Wahrheit »Es ist wahr, es ist wahr, dass der Gründer von New York nicht Kamel oder Camel, sondern Stuyvesant heißt«, mit scherzhafter Korrektheit daherkommt, und in dem Rio das »Aber sonst, aber sonst / Alles Lüge« so singt, als gäbe es etwas zu feiern! In diesem Kontrast, diesem Gegeneinander von Text und Musik liegt die ironische Verstellung, denn so zum Jubeln, wie die Musik nahelegt, ist es ja eigentlich nicht, dass alles Lüge ist. Aber der Jubel feiert auch gar nicht den Inhalt der Aussage, er feiert die Tatsache, dass es jetzt endlich raus ist! Endlich kommt diese andere Wahrheit ans Licht, nicht bloß die Camel- und Stuyvesant-Wahrheit, sondern die, dass »alles Lüge« ist. Es ist diese Mischung aus Vielschichtigkeit und Leichtigkeit, zu der Rio auf seiner ersten Solo-LP findet – als hätte er immer nur darauf gewartet, jetzt endlich befreit loslegen zu können.

Auch die große Ballade »Bei Nacht«, wir haben sie schon in dem Kapitel über die Toskana erwähnt, speist sich aus einem Gegensatz: hier die sanfte Stille, die Ruhe, der Frieden, und dort, auf der anderen Hälfte der Erde, die Armut, das Leid, die Krankheit, der Dreck. Das ist nun nicht mehr humorvoll, ganz und gar nicht, und das ist auch gut so.

»Junimond« findet sich auch auf dieser Platte: »Es ist vorbei, bye bye / Junimond« – es gibt Fans, die darüber gerätselt haben, warum Rio wohl »Junimond« gesungen hat. Die einfache Lösung ist: »Junimond« ist eine Eindeutschung von »Honeymoon«: it's over now, bye bye honeymoon. »Doch jetzt tut's nicht mehr weh, / nee, jetzt tut's nicht mehr weh.«

»Für immer und dich« ist das andere Liebeslied auf *Rio I.* Das Lied von der Liebe, die nicht besitzen will: »Für dich und immer für dich. / Egal wie du mich nennst, egal wo du heut pennst. / Ich hab so oft für dich gelogen und ich bieg den Regenbogen. / Für dich und immer für dich. / Für immer und dich.«

Nirgendwo hat Rio so sehr wie auf dieser Platte den Bogen zurück zu seiner Kindheit geschlagen, als die Familie am Abendbrottisch saß und die drei Jungs Peter, Gert und Ralli sich zusammen mit dem Vater ausgelassen in Wortspielen übten, political correct oder nicht – Hauptsache, die Pointe stimmte. Das freie Spiel mit Worten hatte Rio schon im Zusammenspiel mit Hannes Eyber während der Arbeit an der *Schwarzen* wiederentdeckt, aber da war es manchmal doch sehr experimentell gewesen. Nicht so bei *Rio I.*

»Lass uns das Ding drehen«: Auch das einer der ausgelassenen, heiteren Songs dieser ersten Solo-LP, die einen unbeschwerten facettenreichen Rio vorstellt: ironisch, voller Liebe, voller Trauer, rebellisch und – *bei Nacht*! – poetisch bis in die Zehenspitzen.

Und diesmal ist er wirklich über Los gegangen. Die Solo-LP *Rio I.* war ein Riesenerfolg. Auch finanziell. Endlich kam Geld in die Kasse. Und Rio konnte tun, wovon er immer – nicht nur, aber eben auch – geträumt hatte: Geld verschwenden, Geld verschenken, Flüge nach Thailand, Flüge nach New York, Kreuzfahrten in die Karibik buchen, Leute einladen, Lokalrunden schmeißen, das ganze Programm. Teure Klamotten. Teure Hotels. Endlich ein Rockstar sein!

»So you're gonna be a rock 'n' roll star«, singen Barclay James Harvest, um am Ende zu fragen: »Can you find your way back home?«

Auf die LP *Rio I.* folgte natürlich eine Tournee. Und bald kam – das Eisen schmieden, solange es heiß ist – die nächste Platte: *Blinder Passagier.* Der Hans-Albers-artige Song »Übers Meer« findet sich darauf, natürlich auch der Titelsong »Blinder

Passagier« und andere wunderbare Lieder wie »Wann (wenn nicht jetzt)« oder auch »Manager«, und alles wäre weiterhin zum Niederknien – wenn nicht die soßigen Playbacks alles zermanschen würden. Was zum Teufel hatte Rio sich dabei gedacht, mit diesen industriell gefertigten Playbacks zu arbeiten? Man hört, was man sich früher manchmal herbeigesehnt hatte, Rios Stimme im Vordergrund, gut verständlich, differenziert, charakteristisch, mit seinem unverwechselbar mal sanften, mal rauen Ton – und zugleich muss man ertragen, dass der Background jedes gesungene Wort Lügen straft.

Damit keine Missverständnisse entstehen: Es geht uns nicht darum, dass jetzt die Liebes- und Trennungslieder dominieren, dieses immer wieder berührende Hin und Her von »Lass uns ein Wunder sein« und »Bitte, bitte lass mich los«, diese niemals gelingende Quadratur des Kreises der lebendigen Liebe, mit der Rio sein Leben lang gekämpft hat. Und schon gar nicht geht es um die ewige Wiederkehr der revolutionären Kampflieder. Die Zeiten von »Macht kaputt, was euch kaputt macht« waren endgültig vorbei. »Die letzte Schlacht gewinnen wir« war nur noch Nostalgie. Nein, darum geht es nicht. Was man vermisst, ist der authentische Sound, den Rio mit den Scherben hatte, oder wenigstens der voll professionelle Sound der Cress, Weihe und Taylor von *Rio I.*

Oder, und das ist vielleicht das Allergrößte, Rio allein am Klavier:

Es geschah 1988 in der Werner-Seelenbinder-Halle in Ostberlin. Zwei Konzerte, auf Einladung der Freien Deutschen Jugend (FDJ) und des Senders DT 64. Am 1. und 2. Oktober trat Rio mit seiner Band in der restlos ausverkauften Halle auf, einem umgebauten Schlachthof am Prenzlauer Berg. Noch ahnte niemand, dass die Mauer nur noch ein Jahr existieren würde, aber der Auftritt des Mannes, der von kaputten Träumen und blinden Passagieren, vom brennenden Zauberland und vom Leben in der Irrenanstalt sang, war auch so schon politischer Sprengstoff genug für das Honecker-Regime. Niemals zuvor hatte man einen so sicheren und selbstbewussten Rio gesehen. Man schaue sich (auf DVD oder YouTube) nur den Ausschnitt an, in dem Rio die Band vorstellt. Mit großer Geste, nicht übertrieben, aber auch nicht so verhuscht wie oft zuvor, ein Künstler auf der Höhe seines Schaffens, vor einem Publikum, das ihm den Respekt zollt, den er verdient, ach was: das ihn liebt und seine Hoffnung in ihn setzt, das sich in seinem Namen versammelt hat und ihn, bildlich gesprochen, auf Händen trägt.

Die Songs der Scherben und auch die Lieder von Rios Soloplatten trafen den Nerv einer vom real existierenden Sozialismus frustrierten jungen DDR-Generation. Das Publikum an diesen Abenden konnte fast jeden Text auswendig. Und dann kam der Höhepunkt des Abends. Rio allein am Klavier singt »Der Traum ist aus«. Er kommt zu der Stelle, an der es heißt: »Gibt es ein Land auf der Erde, / wo der Traum Wirklichkeit ist? / Ich weiß es wirklich nicht. / Ich weiß nur eins, und da bin ich sicher …«

Und jetzt singt, ja schreit und jubelt es zugleich aus 6000 Kehlen: »Dieses Land ist es nicht, / dieses Land ist es nicht, / dieses Land ist es nicht!!!«

Und auch heute, nach so vielen Jahren, kriegt man eine Gänsehaut, wenn man das hört.

Im Fernsehen konnte man es damals übrigens nicht hören. Das Konzert wurde komplett von DT 64 mitgeschnitten – gesendet wurde es ohne diesen Song. Das war der DDR-Führung dann doch zu brisant. Aber die dabei gewesen waren, trugen

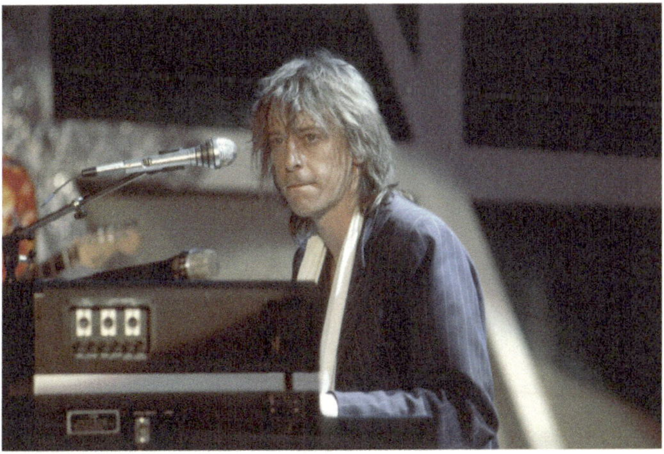

Rio am Klavier

die Botschaft weiter. Und wenn man eine Legende daraus stricken wollte, dann könnte man sagen: Das war der Song, der die Mauer zum Einsturz brachte: Rio sang vom Traum in Ostberlin, and the wall came tumbling down.

Das war der Mount Everest seiner Karriere. Doch …

## Von nun an ging's bergab

Um ganz ehrlich zu sein: Wir würden uns jetzt am liebsten heimlich davonschleichen und Rio auf dem höchsten Berg der Welt sitzen lassen. Warum von seinem Niedergang berichten, das tut doch nur weh!

Die Mauer fiel, die Menschen in ihren Trabis erkundeten den freien Westen, der freie Westen ließ Heuschrecken los, um den Osten leerzufressen, aber da gab's nicht mehr viel zu fressen, der Osten hatte jahrzehntelang von der Substanz gelebt und war so pleite wie die Armen in der Kirche. Es gab die Wendegewinner und die Wendeverlierer, und was auf der Strecke blieb, waren die Träume von einem – nun aber wirklich! – demokratischen Sozialismus.

Kein Mensch weiß genau, warum Rio nichts Besseres zu tun hatte, als in die PDS einzutreten, die Nachfolgepartei der 40 Jahre lang die DDR beherrschenden SED. Es wird berichtet. Gregor Gysi, der letzte Vorsitzende der SED und erste Vorsitzende der PDS, habe Rio mit einer Limousine von dem Adriahafen abholen lassen, in dem das Kreuzfahrtschiff angelegt hatte, auf dem Rio sich befand. König Rio I. war so geschmeichelt, dass er Prinz Gregor in einem Anflug von Großmut sein teuerstes Stück überließ: den Song »König von Deutschland«.

Die PDS machte damit Wahlkampf, Rio wurde Parteimitglied, und die Genossen verhielten sich zu ihrem Minnesänger genauso wie vorher schon die Grünen Schily und Co.: Sie ließen ihn nach dem Auftritt buchstäblich an der Theke stehen und suchten sich selbst ein edleres Lokal. »Du bist doch besoffen«, sagte Gysi im Vorbeigehen zu ihm (wie Rio später Hannes Eyber erzählte), als Rio Anstalten machte, sich ihnen anzuschließen.

Es war zum Heulen. Rios Manager George Glück hatte ihn gewarnt: »Wenn du in die PDS eintrittst, musst du von Gysi mindestens acht Millionen verlangen, damit du die nächsten Jahre über die Runden kommen kannst, denn: Die spielen deine Songs dann nicht mehr im Radio.«

Und so war es. Es geht allerdings die Sage, dass Rio immerhin 100 000 DM für diesen Schritt bekommen hat.

Was George Glück auch schon nicht so gut gefallen hatte, war, dass Rio sich gleich nach Erscheinen der LP *Rio I.* in der Talkshow *Live aus der Alten Oper in Frankfurt* als schwul geoutet hatte. Völlig normal, würde man heute sagen, aber wenn der Manager gerade dabei ist, dich als Mädchenschwarm aufzubauen, dann ist das nicht unbedingt hilfreich. Doch die Sache mit der PDS war schlimmer. Die Radio- und Fernsehanstalten hatten keine große Lust mehr, Rio-Songs zu spielen, die Platteneinnahmen gingen zurück, und Rio selbst merkte, dass er sich wieder einmal vor den falschen Karren hatte spannen lassen.

Was sollte er machen? Sich besaufen? Weiter rastlos arbeiten? Er tat beides. Er schrieb Bühnenmusik, spielte Theater- und Filmrollen und brachte eine LP nach der anderen heraus, wenn auch zunächst ohne die hochklassigen Musiker, die ihn auf seiner ersten LP begleitet hatten.

1990: *Rio****
1991: *Durch die Wand*
1993: *Über Alles*
1995: *Himmel und Hölle*

Auf *Rio**** gibt es »Zauberland«, den Song, der zu den ganz großen Rio-Liedern gehört, Misha Schoeneberg schrieb dazu den Text. »Zauberland ist abgebrannt und brennt noch irgendwo.«

Aber auch der zirkusmusikartige Song »Geld« ist als Gassenhauer gut gelungen. Ungeheuer berührend ist das stille Lied »Vier Wände« – »ich brauch meine vier Wände für mich«: eine Hymne auf den Schutzraum, den wir alle brauchen, jeder für sich. »Wo ich nur sein muss, wie ich wirklich bin.« Doch eine der vier Wände hat auch eine Tür, »sonst kommst du ja nicht zu mir«.

Der Titelsong »Durch die Wand« erinnert mit seinem Orgelintro stark an die drei oktavierten Rufe zu Beginn der berühmten Toccata von Johann Sebastian Bach und geht dann über in rockige Riffs, bevor der Gesang einsetzt: »Das Wasser friert und wird zu Eis, / ich weiß nicht, wo ich bin.«

Am meisten berührt auf dieser LP aber – vielleicht besonders aus heutiger Sicht – der düster dräuende Song »Krieg«: »Der Krieg, er ist nicht tot, der Krieg […] Er liegt da unterm Apfelbaum und wartet, wartet […] Er hat sich sehr gut versteckt und wartet, wartet …«

Ist es ein Zufall, dass den Trauernden, die sich am Tag nach Rios Tod im Garten von Fresenhagen zusammenfanden, die Idee kam, Rio unterm Apfelbaum zu begraben?

1990 gab es die so genannte Geld-Tour, mit der Rio an den Erfolg der 1988er Tour anknüpfen wollte.

Hannes Eyber, Freund und künstlerischer Berater bei den Vorbereitungen, erinnert sich:

»Rio war bereits alkoholkrank. Keiner wollte das wahrhaben. Seine Familie nicht. Seine Freunde nicht, ich auch nicht. Ich hatte mich nie eingemischt, mich auch nicht schützend vor jene gestellt, über die Rios Ausbrüche und sein Herumkrakeele niedergingen. Das wirft mir meine Frau heute noch vor. Ich habe wie alle anderen gekuscht, wenn Rio seine alkoholisierten An- und Ausfälle bekam. Symptome seiner Alkoholkrankheit wurden von allen übersehen, obwohl sie mehr als deutlich zu erkennen waren. Man wollte sie nicht sehen. Und Rio selbst? Nein. Selbstwahrnehmung ist eine Kunst. Wahrscheinlich die schwierigste aller Künste. Als wir während der Proben zu der Geld-Tour an seinem *Spiegel*-Artikel über die Rolling Stones schrieben, wollte Rio Zigaretten holen. Er stand auf, konnte sich nicht mehr auf den Beinen halten und fiel hin. Auch nachdem er eine Weile auf dem Boden gelegen hatte, klappten seine Beine bei jedem Versuch aufzustehen immer wieder ein. Ohne großes Geschrei, um die Band nicht zu verunsichern und um vor allen Dingen Rio zu helfen, chauffierte ich ihn von der Pionierrepublik Wilhelm Pieck in der Schorfheide zu dem Arzt seines Vertrauens nach Berlin. Diese Vertrauensärzte kennen ihre Pappenheimer, denen außer ›Hand auflegen‹ (und der richtigen Spritze) nicht mehr zu helfen ist. Und, oh Wunder, nach der Visite konnte Rio wieder stehen und laufen. Auf der Rückfahrt zur Pionierrepublik musste ich an der ersten Raststätte halten, Rio brauchte seinen Underberg.«

Dann kam das Jahr 1992. Was genau den Ausschlag gegeben hat, weiß man nicht, vielleicht das rastlose Arbeiten, die Enttäuschung über die Fehlentscheidung, in die PDS einzutreten, vor allem aber seine Alkoholexzesse führten dazu, dass er in die Schlosspark-Klinik in Berlin-Steglitz kam. Seine Krankenakte wird von seinem Bruder Gert unter Verschluss gehalten. So viel aber verrät Gert doch: »Es war kein AIDS.« Das zu betonen, war ihm offenbar wichtig. Regina Sommerfeld schreibt in ihrem lesenswerten Essay über Rio: »Er wusste [...] sehr wohl, dass er krank war, die Leber hinüber.« Begleiterscheinungen von Leberzirrhose im fortgeschrittenen Stadium sind sogenannte Ösophagusvarizen, erweiterte Adern in Luft- und Speiseröhre. Die Ärzte schärften Rio ein, dass er auf keinen Fall jemals wieder Alkohol trinken dürfe, sonst könnte es dazu kommen, dass die Adern platzen und er an seinem eigenen Blut erstickt. Der Öffentlichkeit gegenüber berief sich Rio auf die ärztliche Schweigepflicht: »Der Arzt und ich, wir einigten uns auf schwere Gelbsucht.« Als hätte es da etwas zu verhandeln gegeben.

Immerhin nahm Rio sich vor, von nun an trocken zu sein.

Doch das Gesunde und das Trockene waren nicht sein Ding. Er hätte sonst wahrscheinlich auch aufhören müssen, Songs zu schreiben. Er hätte aufhören müssen, auf die Bühne zu gehen und sich die Seele aus dem Leib zu singen, und er hätte niemals, niemals wieder einen Tropfen Underberg trinken dürfen. Oder Wein. Oder Bier. Oder was sonst noch auf den Tisch kam.

Es gibt Alkoholiker, die sind die besten Freunde, solange etwas zu trinken da ist. Witzig, charmant, großzügig und immer guter Laune. Aber wehe, wenn der Kater kommt.

Bei Rio war es umgekehrt. Wenn er nüchtern war, dann war

er freundlich, zärtlich, liebenswürdig, verständnisvoll. Hatte er zu viel getrunken (und irgendwann war es immer zu viel), dann wurde er böse, ungerecht, brüllte das ganze Lokal zusammen und vergraulte seine besten Freunde. Es gibt viele, mit denen er es sich verdorben hat. Es gibt viele, die er tief verletzt hat und die irgendwann die Schnauze voll hatten.

Doch dann, wenn er wieder auf der Bühne stand und den Traum vom Paradies heraufbeschwor, dem Paradies, dessen Zeit »einst« ist (im doppelten Sinne dieses Wortes: *einst* gab es das Paradies und *einst* wird das Paradies unser sein), dann lagen ihm alle, auch die, die er gerade verletzt hatte, zu Füßen und verziehen ihm, weil er ihnen das Herz geöffnet und sie in innerster Seele angerührt hatte (Misha Schoeneberg, Rios langjähriger Freund, singt ein Lied davon in seinem Buch *Als wir das Wunder waren*).

R. P. S. Lanrue spielte 1988 in der Seelenbinderhalle sein letztes Konzert mit Rio. Er konnte die »Mietmusiker«, so nannte er sie, mit denen Rio sich seit Beginn der Solokarriere umgeben hatte, nicht mehr ertragen. Sie waren technisch besser als er und konnten alles spielen, was immer von ihnen verlangt wurde, egal mit wem. Lanrue konnte oder wollte nur mit Rio spielen, seinem Partner aus frühesten Beatkinks-Zeiten, damals in Nieder-Roden.

Aber auch wenn er nicht mehr mit ihm auftrat: Lanrue blieb in Fresenhagen, lebte Seite an Seite mit Rio, wenn dieser mal wieder da war, und ertrug dessen Launen und Depressionen. Und Rio bediente sich aus dem unerschöpflichen Fundus von Melodien und Phrasierungen, die Lanrue mit seinen genialischen Improvisationen erklingen ließ. Dass aber Lanrue nicht mehr mit Rio auftrat, war wie ein Omen: als ob der gute Geist, der von Anbeginn an bei ihm gewesen war, ihn verlassen hätte. Oder er ihn.

1993 nahm Rio das Angebot an, seine Autobiographie zu schreiben. Er gewann Hannes Eyber für die Mitarbeit, und beide verfertigten das Buch, das 1994 unter dem nun schon unvermeidlichen Titel *König von Deutschland* herauskam. Ein selbstironischer Text, voll von treffenden aphoristischen Bemerkungen über Familie, Zeitgenossen, Bandmitglieder – und alles andere als eine Selbstbeweihräucherung. Rio hatte, das zeigt er in diesem Buch, Distanz zu sich selbst gewonnen, er konnte über sich, seine Erfolge und sein Scheitern spotten, und das Einzige, was man beiden Autoren ankreiden könnte, ist, dass sie nicht weitergemacht haben. Was für ein Vermächtnis wäre es gewesen, wenn sie den nächsten und vielleicht noch einen dritten Band herausgebracht hätten, Künstlergeschichte als Zeitgeschichte – und das mit Rios unsentimentalem, unverstelltem, klarem Blick, mit seinem schnoddrigen Ton, der einmal mehr beweist, dass Entzauberung bezaubern kann.

Das Buch hat seine eigene Geschichte. Die erste Ausgabe von Kiepenheuer & Witsch verkaufte sich nicht gut, jedenfalls längst nicht so gut, wie der Verlag erwartet hatte. Zu einem Nachdruck konnte man sich deshalb nicht entschließen. So lag diese Autobiographie unbeachtet im Archiv des Verlags (E-Books gab es damals noch nicht). Schließlich entschloss sich Gert Möbius, dem Verlag die Rechte abzukaufen und im Jahr 2001 eine eigene Ausgabe bei Möbius-Records herauszubringen. Kiepenheuer & Witsch kaufte später die Rechte von Möbius-Records wieder zurück, um im Jahr 2016 die dritte Edition herauszubringen. Das Auf und Ab des Interesses an dieser Biographie spiegelt durchaus das wechselnde Interesse der Öffentlichkeit an Rio Reiser wider.

1995 nahm Rio seine letzte LP auf, wieder mit den Vollprofis, die bei *Rio I.* dabei gewesen waren. Das Stück, das vor allem wegen seines Textes am meistens berührt, ist »Hoffnung«. Nach einem langen, unheimlichen Intro, das an das Horrorfilm-Intro von »Macht kaputt, was euch kaputt macht« erinnert, erhebt sich die Stimme des wieder einmal aus dem Traum erwachten Sängers:

»Ich hatte heute Nacht eine Vision, / da war ein alter Mann auf einem Thron. / Alt wie der Mensch, müde und schwer. / Er schaute mich an, doch seine Augen waren leer. / Er rief: ›Nehmt mir die Krone ab, die mich erdrückt, / Nehmt mir die Krone weg, nehmt sie zurück …‹«

Irgendwo, das weiß der alte Mann, ist da ein Licht, »doch ich kann euch nicht führen, denn ich weiß den Weg nicht«.

Es ist wie ein Vermächtnis. Der Sänger begegnet sich selbst im Traum. Und er selbst, sein Alter Ego, dankt ab. Es ist ein Text zwischen Verzweiflung und Größenwahn. »Hoffnung – ist alles, was bleibt.«

*Nehmt mir die Krone ab* – welche Krone ist gemeint, die Königs- oder die Dornenkrone? Wir wissen nur, es ist vorbei – bye bye. König von Deutschland, das war einmal.

Aber ich war doch der König, oder nicht? – Oder nicht?

Wir müssen nun, bevor wir uns von Rio verabschieden, noch etwas berichten, das sich am Tag nach Rios Tod ereignete.

Die Scherben und nicht zuletzt Rios musikalischer Partner Lanrue hatten ja, wie schon berichtet, einen Draht zum Übersinnlichen. »Psi« war der Ausdruck, den Lanrue dafür gebrauchte. Um so ein Psi muss es sich gehandelt haben, als das Handy von Rio, das Gert am Tag nach seinem Tod bei sich hatte, als er in Niebüll mit dem Arzt sprechen wollte, mit einem

Male anfing zu pfeifen und zu kreischen, kurz: verrückt zu spielen. Es wollte und wollte nicht Ruhe geben, bis Gert endlich entnervt den Akku entfernte, da war Schluss. Es war eine Totenklage aus dem Jenseits, könnte man meinen. Aber möglich ist auch, dass Rios Handy schrie, weil man seiner Seele nicht einen einzigen Tag Ruhe gönnte, sondern sofort damit begann, mit Totenmaske, Graceland-Grab und Schwamm-drüber-Strategie sein Image zu polieren und ihn zu einem Heiligen zu stilisieren.

# Lese- und Hörtipps

## I. Buchstabenträger

Die Bibel [Rio las täglich in der Bibel].

Berhard Ka: … denn die Freiheit ist unser Ziel. Autobiografie Rote Steine. Berlin 2014 [von einem, der dabei war!].

Robert Kneschke: www.riolyrics.de. Links, Artikelarchiv, seit 2015 [ungeheuer verdienstvoll!].

Karl May: Karl May's Gesammelte Werke. Karl May Verlag 1951–1968 [Rios Lieblingsautor, dem er zeitlebens die Treue hielt].

Gert Möbius: Halt dich an deiner Liebe fest. Aufbau Verlag 2016 [Rios Bruder, Erbe und Nachlassverwalter].

Nikel Pallat / Christof Dörr: Das schillernde Leben des Nikel Pallat – von Ton Steine Scherben bis Adele. Hannibal Verlag 2023 [Manager und Sänger der Scherben].

Rio Reiser / Hannes Eyber: König von Deutschland. Kiepenheuer & Witsch 1994/2016 [erster Band einer dreibändigen Biographie, von der leider nur dieser erste Band erschienen ist].

Misha Schoeneberg: Als wir das Wunder waren. Jaron Verlag2021 [ein Buch über Rio und die 80er Jahre bis zum Fall der Mauer].

Kai Sichtermann / Jens Johler / Christian Stahl: Keine Macht für Niemand. Die Geschichte der Ton Steine Scherben. Schwarzkopf & Schwarzkopf 2001 [das Standardwerk über die Scherben].

## II. Tonträger

Ton Steine Scherben: Gesamtwerk – 13 CDs, ein Buch. Buschfunk 2015.

Rio Reiser: Rio I. 1986.

– Blinder Passagier. 1987.

– Rio ***. 1990.

– Durch die Wand. 1991.

– Über alles. 1993.

– Himmel und Hölle. 1995 (alle SONY Music).

– Am Piano 1 + 2 + Bonus. Buschfunk 2020.

– Black Box – Eine Erleuchtung. 16 CDs, ein Buch. Buschfunk 2016.

Die tödliche Doris: Live im SO36 in Berlin. Tape 1983. [Wolfgang Müller, der Spiritus Rector der Musikgruppe Die tödliche Doris: »Doris war ein Popstar ohne Körper. Ihre Präsenz bewies sie durch permanente Abwesenheit.« Handelte es sich bei der geheimnisvollen Frau, die nach Aussage von Gert Möbius eine Nacht mit Rio im Hotel verbrachte, um die tödliche Doris?]

## Playlists zum Buch

Zwei Playlists zum Mithören – einmal die 10 Lieblings-Reiser-Songs von Hannes Eyber und einmal von Jens Johler – finden Sie online unter https://www.reclam.de/rio_reiser bzw.